BIOGRAPHIE DE JÉSUS

DU MÊME AUTEUR

Essais

Les Bandes d'adolescents, Fayard, 1962 (en collaboration avec Marc Oraison).
La Foi d'un païen, Le Seuil, 1967.
La Reconnaissance, Le Seuil, 1968.
Où est le mal?, Le Seuil, 1969.
Qui est Dieu?, Le Seuil, 1971.
La Prière et la Drogue, Stock, 1974.
Du bon usage de la religion, Stock, 1976.
Pour une politique du livre, Dalloz, 1982 (en collaboration avec Bernard Pingaud).
Que vive la France, Albin Michel, 1985.
La Foi qui reste, Le Seuil, 1987.
Du bon gouvernement, Odile Jacob, 1988.
De l'islam en général et du monde moderne en particulier, Le Pré-aux-Clercs, 1991 (prix Aujourd'hui 1991).
De l'immigration en général et de la nation française en particulier, Le Pré-aux-Clercs, 1992.

Romans

Les Mémoires de Jésus, J.-C. Lattès, 1978.
La Traversée de l'Islande, Stock, 1979 (Antenne 2, 1983).
Le Vent du désert, Belfond, 1981.
Les Innocents de Pigalle, J.-C. Lattès, 1982.
Oublier Jérusalem, Actes Sud, 1989 (J'ai lu, 1991).

JEAN-CLAUDE BARREAU

BIOGRAPHIE DE JÉSUS

PLON
76, rue Bonaparte
PARIS

ISBN 2.259.02627-3

I

Enfance, personnalité, commencements, tentations et miracles...

Les récits de l'enfance

La vie publique de Jésus était, à l'époque de la rédaction des évangiles, dans toutes les mémoires palestiniennes. Les évangélistes ne pouvaient raconter n'importe quoi : des milliers de personnes vivantes gardaient encore le souvenir des faits et gestes du Christ. Quand ils utilisaient l'histoire de Jésus, homme public, dans leurs prédications, les missionnaires étaient tenus à une certaine fidélité aux événements. Même si les événements en tant que tels les intéressaient moins que leur signification. Au contraire, l'enfance de Jésus était une période très obscure dont seuls sa famille et des intimes avaient eu connaissance. Nos auteurs s'y sentaient donc moins contraints par les faits. Pour cette raison, les « récits de l'enfance », chez Matthieu et Luc, traduisent en langage populaire la ferveur de l'Église primitive à travers une imagerie convenue. En cela, leur ton est très différent du reste des évangiles (d'un « genre littéraire » particulier, selon l'avis de l'ensemble des exégètes). Ce qui permet à Luc et à Matthieu d'émailler leurs histoires de l'enfance de citations de l'Ancien Testament (ainsi le superbe « Magnificat » [Luc I, 46 et suivants [1]] est un « montage »).

Le regard de la foi est primordial dans ces récits.

Naissance, famille, éducation

Dates

Matthieu situe la naissance de Jésus avant la mort du roi Hérode le Grand (Matthieu II, 1-19). Hérode trépassa en l'an –4. Luc mentionne aussi ce roi (Luc I, 5), ce qui témoigne d'une tradition antérieure à nos deux auteurs. D'autre part, le même Luc écrit : « Jésus, lors de ses débuts, avait environ trente ans » (Luc III, 23). Il peut s'agir seulement d'un âge idéal, celui du roi David le jour de son sacre (II Samuel V, 4), car, chez Jean, les Judéens

1. Pour tous les textes anciens, dans les coordonnées d'une citation, le premier chiffre désigne le chapitre, le second, le verset. Le chiffre qui précède le titre est celui du livre. Les lecteurs scrupuleux se référeront aux textes cités; mais, comme j'ai voulu aussi que l'on puisse lire ce livre « à la suite », toutes les citations nécessaires à la compréhension y sont reproduites.

disent à Jésus : « Tu n'as pas encore cinquante ans » (Jean VIII, 57).

La mention par Luc du nommé Quirinus (Luc II, 2 : « Quirinus étant gouverneur de Syrie ») n'ajoute rien à la précision car Sulpicius Quirinus fut bien gouverneur de cette province, mais seulement en l'an 6 de notre ère ! Luc n'était pas spécialiste des actes officiels de l'Empire. Il faut admettre que la date précise de la naissance de Jésus nous reste inconnue ; ce qui n'a rien d'étonnant puisque l'état civil n'existait pas encore.

Pendant sa vie publique qui se déroula dans la force de son âge, Jésus était un homme de plus de trente ans et de moins de cinquante (Luc et Jean).

La tradition lui donne trente-trois ans au moment de sa mort, mais cet âge est indiscutablement trop jeune car il le ferait naître après la mort du roi Hérode, alors que sa naissance « aux temps d'Hérode » semble bien fondée. Disons qu'il était jeune quadragénaire.

Divers experts inclinent pour trente-six ou trente-sept ans ; il serait né en – 6 ou – 7. Chacun sait que la date officielle de sa naissance, qui marque par convention le début de notre ère, fut fixée tout à fait arbitrairement des siècles plus tard. De même, le jour en est inconnu ; l'Église a retenu le 25 décembre afin d'annexer la fête du culte de Mithra au « Soleil invaincu » *(Sol invictus)*, triomphe de la lumière sur les ténèbres : cette date marque le début de l'allongement des journées par rapport à la nuit.

Lieux

La naissance à Bethléem n'est pas certaine. Le Messie se devant d'être le descendant de David, il n'était pas inutile de le faire naître dans la « ville de David » (Luc II, 4). Cette localisation pourrait donc être apologétique.

Jésus lui-même n'y fait jamais référence. Dans les quatre évangiles de la vie publique, on parle seulement de Nazareth. En témoigne cette réflexion de Nathanaël (que l'on trouve chez Jean). Au moment où Philippe lui présente Jésus en ces termes : « C'est Jésus, le fils de Joseph de Nazareth » (Jean I, 45-46), Nathanaël de s'esclaffer : « De Nazareth peut-il sortir quelque chose de bon ! » En effet, la Galilée en général et Nazareth en particulier avaient la réputation, aux yeux des Juifs de ce temps, d'être des « trous perdus ».

Il me semble que Philippe n'aurait pas manqué, si Jésus était né en Judée, à Bethléem, de s'en prévaloir face à Nathanaël.

Cependant, plus intéressante historiquement est l'indication donnée par Luc d'une naissance au cours d'un voyage rendu nécessaire par un recensement. La manie censitaire des Romains est connue. Et l'image d'un enfant né « dans une crèche, parce qu'il n'y avait pas de place pour eux à l'hôtellerie » (Luc II, 7) est belle. Alors, pourquoi pas quand même Bethléem, attestée par la tradition ? Impossible de trancher. Nazareth reste toutefois la localisation la plus probable.

Père et mère

Le père de Jésus était un certain Joseph (Jean I, 45), charpentier à Nazareth, petite ville de la Galilée des collines. La mère de Jésus s'appelait Marie. Il paraît douteux que ce Joseph fût réellement de famille davidique, ni Marie. La dynastie royale de David s'était éteinte depuis longtemps. Mais Paul en parle (Romains I, 3) : « issu de la descendance de David selon la chair ». Et les deux généalogies, celle de Luc (Luc I, 27) pour Marie, et celle de Matthieu (Matthieu I, 16) pour Joseph, s'en prévalent.

Pourquoi alors ne pas admettre cette possibilité, à la façon dont aujourd'hui en Islam beaucoup de familles prétendent, à tort ou à raison, descendre du prophète Mahomet ? Jésus, lui, ne le déclarera jamais. Au moment de sa circoncision, ses parents lui donnèrent un nom très courant, celui de Jésus (Josué ou Iesua).

Dans les lettres de Paul (antérieures à nos évangiles), il apparaît clairement que l'apôtre ne sait rien d'une naissance miraculeuse de Jésus. Paul dit simplement « né d'une femme » (Galates IV, 4) : *guné* en grec, et non point *parthenos* – vierge. Le thème de la conception virginale que l'on trouve dans les récits de l'enfance semble donc inconnu de Paul. L'étoile, les mages, les bergers, les voix venues du ciel, font partie de l'imagerie traditionnelle des « naissances miraculeuses », imagerie commune à tous les héros de la Méditerranée.

La pensée théologique, par contre, est originale et c'est elle qu'il faut retenir : cette naissance discrète et fort ordinaire (« le temps où Marie qui était enceinte devait enfanter se trouva révolu », Luc II, 6) annonce vraiment « la paix *(shalom)* aux hommes de bonne volonté » (Luc II, 14). Au contraire, la « fuite en Égypte », le « massacre des innocents » que l'on trouve chez Matthieu (Matthieu II, 13-19) sont certainement des inventions apologétiques : Jadis, le peuple d'Israël avait fui en Égypte; ses enfants avaient été massacrés. L'évangéliste veut montrer en l'enfant Jésus le « nouvel Israël ».

Frères et sœurs

Jésus avait des frères et des sœurs. C'est une certitude historique, même si l'Église postérieure voulut en faire un fils unique. Luc l'appelle « premier né » (Luc II, 7). Marc donne les noms de ses frères : Jacques, Joset, Jude, Simon, ajoutant : « et ses sœurs sont parmi nous » (Marc VI, 3). Jésus était donc l'aîné d'une famille de sept ou huit enfants, la norme de l'époque. Le maintien de ces noms chez les évangélistes, par respect scrupuleux de faits contraires à la théologie ambiante, emporte la conviction. Les « bons pères » ont voulu nous faire croire qu'il s'agissait de cousins. Mais quand Paul veut parler de « Marc, le cousin de Barnabé » (Colossiens IV, 10), il emploie bien le mot approprié, car le grec possède deux termes différents pour « cousin » et « frère ». D'ailleurs, le même Paul emploie justement le terme d'*adelphos* – frère – pour Jacques, « le frère du Seigneur » (Galates I, 19). Par Paul, nous savons que ces frères, au moins Jacques, émirent des prétentions « dynastiques » sur la primitive Église (le cas se retrouve en Islam, avec Ali, le gendre du Prophète), prétentions qui furent écartées par les apôtres.

Le milieu où vécut Jésus en Palestine nous est infiniment mieux connu que du temps de Renan, qui écrivit sa *Vie de Jésus* en 1863. Notre vision du contexte culturel et historique du Ier siècle de notre ère s'est considérablement précisée depuis 1863. Tout le monde a entendu parler des découvertes de l'archéologie, des fouilles sur le mont Sion à Jérusalem, de la mise au jour des fameux manuscrits de la mer Morte à Qumrān. (Ces « manuscrits de la mer Morte » sont en passe de devenir pour la presse le nouveau « monstre du Lochness » : quand elle n'a rien à dire, elle les ressort ! Pourtant, si leur importance est significative, ils ont peu à voir avec les origines du christianisme.)

Nous savons aujourd'hui que le milieu juif contemporain de Jésus était complexe. Les évangiles en rendent compte.

Le Temple était le centre architectural et symbolique de Jérusalem.

A l'époque de Jésus, Hérode, son bâtisseur, étant mort seulement depuis quelques dizaines d'années, le Temple était en parfait état : déambulatoires, parvis (c'est sur les parvis qu'ont eu lieu certaines des scènes les plus poignantes et les plus belles de la vie de Jésus), larges escaliers, portes monumentales; le bâtiment surprenait par ses dimensions et sa richesse. Les nombreux voyageurs de la diaspora juive qui de toutes parts venaient à Jérusalem disaient que c'était l'un des plus grands de l'Empire. Les pèlerins n'avaient pas le droit de remettre leurs offrandes en monnaies étrangères marquées des effigies de l'empereur ou de dieux païens (le judaïsme proscrivant la reproduction de figures humaines), d'où l'importance des boutiques de changeurs qui s'installaient partout avec leurs tables et leurs balances. A ce trafic s'ajoutait le marché des bestiaux. Par le nombre des sacrifices d'animaux, le Temple était le plus grand abattoir de Palestine. A l'occasion de chaque fête, des milliers de victimes étaient sacrifiées au milieu de foules, de processions, d'encens et de lévites. Le poète israélien Avraham Shlonsky l'écrira plus tard :

Jérusalem est encerclée de montagnes
Les lévites y procèdent dans leur gloire
Leurs pas sont nobles
Leurs pas comme des somnambules dans le Sanctuaire.

Le clergé du Temple, avec le renfort de quelques notables, formait le parti des *Sadducéens.*

Conservateurs sur le plan religieux, attachés aux rites et aux sacrifices, au souvenir de l'Arche d'alliance et du roi David, ils n'acceptaient pas les évolutions doctrinales et, par exemple, ne croyaient pas en la Résurrection. Sur le plan politique, ils défendaient l'ordre établi, comme il convient à des prêtres de haut rang (qu'ils officient à Jérusalem ou aujourd'hui au Vatican) et collaboraient sans scrupule avec les occupants romains.

Les publicains (on appelait ainsi tous les indigènes qui administraient et levaient taxes et impôts de Rome sans négliger d'en empocher une partie au passage) n'ont en commun avec le parti précédent que d'être collaborateurs. Inutile de souligner qu'ils étaient mal vus par tous.

Les pharisiens et les scribes représentaient au contraire les maîtres à penser d'Israël.

Les scribes se voulaient « des sages qui interprétaient la loi » (de Moïse).

Les pharisiens, recrutés parmi les artisans, les commerçants, les notables, s'attachaient à suivre les règles établies par les scribes de leur obédience. Flavius Josèphe en dénombre pour l'époque plusieurs milliers. Luc note que certains furent amis de Jésus (Luc XIII, 31), sans parler du célèbre Gamaliel qui se signalera plus tard par sa modération envers les disciples (Actes V, 34 et XXVI, 5). Progressistes sur le plan religieux, les pharisiens croyaient à la

Résurrection et surtout en la responsabilité morale des individus. Mais, obsédés par la lettre de la Loi, ils versaient facilement dans le mépris des autres, qui est souvent la tentation des « belles âmes ». Si le haut clergé officiait au Temple, eux présidaient, en dehors de la Ville sainte, aux prières des synagogues de province et de la diaspora, synagogues dans lesquelles les Juifs se réunissaient pour la prière du Sabbat. Les pharisiens étaient déjà des rabbins et on les appelait ainsi : *rabbi* [1]. Jésus intervint souvent dans les synagogues, à commencer par celle de sa ville de Nazareth.

Quand, après la révolte juive de l'an 70 de notre ère, le Temple fut détruit par les Romains [2], le judaïsme continua d'exister autour des synagogues et du parti pharisien.

A l'opposé des fumées d'encens et des fastueuses liturgies sacrificielles du Temple, les réunions dans les synagogues étaient simples et fraternelles.

Impossible d'évoquer la révolte juive et la destruction du Temple, en l'an 70, sans parler du rôle important joué en Palestine par un dernier parti : les *zélotes* (appelés parfois « sicaires » à cause du couteau qu'ils portaient à la ceinture). Dans l'ensemble petit paysans et ouvriers, les zélotes étaient les nationalistes juifs de l'époque. Ils espéraient chasser les

1. De l'araméen : « mon maître ».
2. Seul vestige, le mur dit « des Lamentations » et une toute petite partie des remparts.

Romains par la force, sous l'autorité d'un « messie » – chef de guerre. Ils attendront beaucoup de Jésus qui les décevra. Barabbas (Luc XXIII, 18) était un chef zélote et, parmi les disciples, il y eut au moins deux sicaires : Simon le Zélote et Judas.

Les Baptistes ne constituaient pas un parti mais un mouvement de réveil spirituel (semblable aux mouvements américains du *revival* ou aux catholiques « charismatiques »). Ils célébraient le baptême d'eau comme signe de renouveau, d'où leur nom générique. La plupart des disciples de Jésus étaient des Baptistes et lui-même fut très lié avec eux; il inaugura d'ailleurs sa prédication en se soumettant au rite du baptême!

Les Esséniens, enfin, étaient des sortes de moines. Car on a fini par prendre conscience qu'existait à l'époque du Christ un monachisme juif, disparu depuis. Les habitants de Qumrān, rendus célèbres par les fameux manuscrits de la mer Morte, étaient des moines. Ils pratiquaient, dans leur monastère du bord de la mer salée, le rite du baptême mais aussi des rites de purification et des repas de pain et de vin. Ils avaient rompu avec les prêtres du Temple, considérés par eux comme illégitimes, et récusaient les sacrifices sanglants d'animaux.

Jésus les a certainement connus; mais il n'admettait pas leur obsession de la pureté et leur mépris du peuple. Il n'a donc que fort peu à voir avec eux, contrairement aux titres d'une presse à sensation. Il est même absolument leur opposé sur le plan moral.

Tous ces partis, tous ces groupes transparaissent nettement à la lecture des évangiles, il faut donc comprendre ce qu'ils représentaient.

Le pays et son peuple [1]

En Palestine, vivait un peuple de cultivateurs, d'artisans et de pêcheurs ingénieux, appliqués et plutôt prospères. C'est à eux que Jésus s'adressait en général.

La Palestine n'était pas seulement habitée par des Juifs orthodoxes. Dans ses montagnes fauves et pelées, la *Judée* abritant la Ville sainte formait un chaudron où tourbillonnaient les passions contradictoires des résistants zélotes et des moines de Qumrān.

Les collines de *Galilée* constituaient au contraire, plus au nord, un pays aimable, rassemblé autour d'un grand lac bleu aux eaux poissonneuses. Les Galiléens étaient considérés par les gens de Judée, tous partis confondus, comme des rustres que leur accent rocailleux trahissait.

Entre la Galilée et la Judée, se trouvait l'opulente *Samarie* (qui forme aujourd'hui l'essentiel des « territoires occupés » par l'État d'Israël). Or, les Samaritains étaient des hérétiques. Ce

1. Jean Steinmann, *La Vie de Jésus*, Club des Libraires de France, 1959.

n'est pas au Temple de Jérusalem qu'ils voulaient adorer Yahveh, mais sur la montagne de Sichem (où se situe Naplouse).

Jésus, qui ne craignit jamais les hérétiques, traversait souvent leurs terres : pour aller de Galilée en Judée, c'était le chemin le plus court. Les orthodoxes préféraient à ce chemin direct le détour par la profonde vallée du Jourdain. Une fois à Jéricho, ils « montaient » *(alyah)* à Jérusalem, au sens propre comme au sens figuré. Cela les dispensait de rencontrer les Samaritains.

Les rives de la Méditerranée, il faut le noter, intéressaient peu les Juifs qui ne les occupaient guère et les abandonnaient aux étrangers, et autres Philistins. Hommes des collines ou des montagnes, les Juifs de Palestine ressemblaient en cela aux Yéménites qui ont eux aussi délaissé leur côte (Tihama). Hier comme aujourd'hui, la Palestine est un pays petit, mais un pays complexe. Petit : 200 kilomètres du nord au sud, 50 de l'est à l'ouest. Complexe : de la Méditerranée à l'ouest à la dépression de la mer Morte à l'est; du désert minéral du Néguev au sud, à l'ovale du lac de Tibériade au nord – que de paysages ! que de climats ! Celui de la Galilée évoque la Toscane; en Judée, on se croirait en Castille; dans le Néguev, au Sahara ! Grand comme aujourd'hui la Belgique, ce pays divers se traversait aisément à pied, et Jésus n'y manquait pas.

Les Romains dominaient ces territoires des confins de leur Empire.

L'époque du roi David était loin ; depuis longtemps, Israël avait perdu son indépendance. Le roi Hérode, sous le règne duquel naquit Jésus, n'était qu'un protégé des Romains (un peu comme le fut le sultan du Maroc des Français) ; encore était-ce, malgré son judaïsme incertain (il était plus romain que juif), un monarque puissant et surtout le bâtisseur du dernier Temple. A sa mort, Rome avait annexé directement la Judée qu'elle gouvernait par l'intermédiaire d'un simple préfet qui résidait à Césarée, sur la côte, en compagnie d'une cohorte. Ce fonctionnaire fut abusivement élevé à la dignité de « procurateur » (gouverneur général), si l'on en croit Tacite et les évangiles. Depuis 1961, nous savons qu'il s'agit d'un anachronisme ; on a en effet découvert cette année-là dans l'ancien théâtre de Césarée une inscription portant le nom de Pontius Pilatus « préfet de Judée ». Le titre de *procurator* ne sera attribué au gouverneur de Césarée qu'en l'an 41 de notre ère, sous l'empereur Claude. Ponce Pilate, qui administrait directement la Judée, administrait le reste de la Palestine par l'intermédiaire des descendants d'Hérode : Antipas régnait en Transjordanie et en Galilée, Philippe au Sud-Liban et sur le Golan. Des roitelets certes, mais qui ont leur importance pour l'histoire de Jésus.

Le préfet n'était qu'un fonctionnaire des confins (une sorte de haut-commissaire en Nouvelle-Calédonie). Au moment des fêtes de Pâques, il se rendait avec ses légionnaires à Jérusalem, où ils occupaient la forteresse

Antonia qui dominait le temple. Ils y veillaient au grain.

L'Empire, sous Auguste et Tibère, constituait la plus grande entreprise politique jamais édifiée par les hommes.

Des confins de l'Écosse à ceux de l'Arabie, la « paix romaine » régnait. Dans cet immense ensemble, la petite Palestine n'avait de poids que par la *diaspora*. Il faut le savoir : déjà, le peuple d'Israël était à moitié dispersé hors de ses frontières. Il en avait été expulsé de force, jadis, par les rois assyriens et babyloniens, mais depuis le « retour » autorisé par les rois perses, beaucoup de Juifs avaient profité de la paix romaine pour s'expatrier. Au temps de Jésus, ces Juifs de la dispersion vivaient autour de leurs rabbins et de leurs synagogues. Fortement romanisés, c'est-à-dire hellénisés, ils avaient une mentalité très ouverte et ne venaient à Jérusalem qu'en pèlerinage. Beaucoup étaient de riches notables, puissants à Rome même, au point que la dispersion pouvait intimider le préfet de Palestine. A chaque conflit local, les Juifs palestiniens le lui faisaient sentir : « Nous nous plaindrons auprès de César » (Jean XIX, 12).

Enfance

Jésus connut l'enfance d'un jeune Juif de milieu simple mais aisé : école de la synagogue et apprentissage du métier auprès du père.

Nous pouvons imaginer cette vie cachée car nous savons aujourd'hui comment vivaient les Juifs à cette époque et dans ce milieu [1].

Jésus fit certainement des études sérieuses à Nazareth. Chez les Juifs de ce temps-là, l'artisanat rural n'était pas incompatible avec la culture de l'esprit. D'ailleurs, de nombreux pharisiens exerçaient des métiers manuels. Il y a tout lieu de croire que l'adolescent étudiait les Écritures avec passion. Il savait lire l'hébreu ancien, parler en public, interpréter les textes, et nous le voyons commencer son ministère, un jour de sabbat, par une lecture publique dans la synagogue de Nazareth, sa ville : « Il se leva pour faire la lecture. On lui remit le livre du prophète Isaïe; déroulant le parchemin, il trouva le passage [qu'il cherchait], roulant le parchemin, il le remit au servant et s'assit » (Luc IV, 17-20).

La religion de sa famille était le judaïsme orthodoxe du Temple, corrigé par cette méfiance paysanne qu'avaient alors les Galiléens pour les Judéens méprisants. Jésus a été élevé dans des idées proches de celles des pharisiens, ces sages en Israël. Comme eux, il croyait en la Résurrection et au primat de la conscience morale. Mais en même temps il fut, comme son père, un artisan rural. De nombreuses paroles de lui en portent la trace : ainsi la célèbre comparaison entre la paille que l'on voit dans

1. Robert Aron, *Les Années obscures de Jésus*, Desclée de Brouwer, 1979.

l'œil des autres, alors qu'on ne voit pas la poutre qui est dans le sien (Matthieu VII, 4-5).

Autour de l'atelier paternel, enfin, on trouvait certainement davantage de rudes paysans et de pêcheurs montés du lac que de docteurs de la loi. On y voyait même des filles publiques et des hommes sans piété.

La fugue

De cette vie cachée, un épisode criant de vérité nous a été rapporté par Luc. Ce passage, d'une espèce différente du style imagé et merveilleux des récits d'enfance, est une « chose vue ».

Luc tient cette histoire du témoin lui-même, la mère de Jésus, qu'il doit avoir rencontrée alors qu' « il s'informait soigneusement de tout depuis les origines » (Luc I, 3). La tradition fait mourir Marie dans la ville d'Éphèse où l'aurait amenée Jean, après que Jésus sur la croix lui eut confié sa mère (Jean XIX, 26-27). Ce n'est pas impossible. Quoi qu'il en soit, ce passage, tellement différent de la doctrine de l'Église primitive, tellement « vécu », tellement gênant, au fond, ne peut s'expliquer que par un contact direct entre Luc et Marie : il s'agit de la fugue de Jésus adolescent (Luc II, 41-51).

Hier, comme aujourd'hui, à l'époque de leur treizième année, les jeunes israélites faisaient leur profession de foi, leur *bar-mitzva*, en lisant en public un verset de la Thora : « Écoute Israël – *Scheema Israël* – le Seigneur ton Dieu est l'unique Seigneur. »

La *bar-mitzva* de Jésus se fit de façon solennelle « quand il eut douze ans », à l'occasion d'un pèlerinage à Jérusalem. Comme il est encore d'usage aujourd'hui, ce fut l'occasion d'une grande fête de famille.

On peut penser qu'en proclamant les versets sacrés, l'adolescent sentit en son cœur, selon les mots du Prophète, « comme un feu dévorant, impossible à contenir » (Jérémie XX, 9) ; toujours est-il qu'il fit une fugue.

A jamais l'adolescent s'arrachera au foyer rassurant de son enfance pour affronter seul le vaste monde, et les mères pleureront devant l'inéluctable : « L'homme quittera son père et sa mère », dira plus tard Jésus (Matthieu XIX, 5). Bouddha a fugué, comme Jésus, échappant au même âge, mais six siècles plus tôt, au palais de son père pour découvrir la misère et la mort. Jésus n'était pas fils de prince, et la condition humaine des simples gens lui était déjà familière. Mais le fils de roi et le fils d'artisan, quand ils eurent douze ans, fuguèrent pareillement.

Sans s'apercevoir de son absence, les parents de Jésus s'en retournèrent avec les pèlerins de Galilée et Jésus resta à Jérusalem.

On l'imagine, planté sur le parvis du Temple, devant les docteurs de la Loi, célèbres en Israël, qui prêchaient ; non pour les interroger, mais pour les écouter, fasciné, au premier rang du cercle des badauds. C'est peut-être, pensant à cet instant de sa vie, qu'il dira plus tard à ses disciples qui voulaient éloigner les enfants : « Ne les écartez pas de moi; laissez-les s'approcher » (Luc XVIII, 16).

Pendant ce temps, ses parents s'en retournaient chez eux. On cheminait en groupes nombreux. On ne surveillait plus comme un petit enfant un adolescent qui venait de faire sa *bar-mitzva*. Et les jeunes gens allaient comme toujours en bande, de leur côté. C'est seulement le soir, à l'étape, que Joseph et Marie s'aperçurent de l'absence de leur fils au campement. Il leur fallut attendre le lendemain matin (on ne voyageait pas la nuit à cause des brigands) pour repartir en hâte vers Jérusalem. Quand ils parvinrent au Temple, Jésus était comme la veille au milieu des docteurs. (Où avait-il passé la nuit?) « A sa vue, ils furent saisis d'émotion. »

Ce passage d'évangile est profondément réaliste dans les moindres détails; tous les parents dont un gosse a fugué pourraient le raconter. La mère parle la première : psychologiquement, c'est la vérité même. L'émotion passée, Joseph doit se retenir pour ne pas manier le bâton et administrer au fugueur la correction qu'il mérite. Marie intervient donc et dit à Jésus cette phrase qui sonne vrai : « Mon enfant, pourquoi nous as-tu fait cela? Ne vois-tu pas que ton père et moi, nous te cherchions, angoissés ? »

Cette phrase, toutes les mères de fugueurs

l'ont dite avant elle et le rediront après. « Ton père et moi » : racontant à Luc ses souvenirs, Marie est sans équivoque.

Jésus, comme sorti de son songe, retourna avec eux sans faire d'histoires.

Mort de Joseph et célibat

Plus tard, dans la « vie cachée » de Jésus, deux événements survinrent encore, deux événements dont nous sommes historiquement certains : l'un ordinaire, l'autre moins.

Joseph mourut. Quand Jésus âgé de douze ans fait sa *bar-mitzva*, son père est encore là. Quand Jésus commence sa vie publique, Joseph est mort. Dans les évangiles de la vie publique, on ne parle de son père qu'au passé. Il n'apparaît jamais, alors que la mère de Jésus et ses frères sont très présents. Si le père avait été encore vivant, on en aurait parlé. La mort du père est un événement ordinaire, mais important. Le fils aîné, naturellement, le remplace en première ligne, plus personne ne faisant obstacle entre la mort et lui. Jésus devint clairement alors le successeur de son père à l'atelier de Nazareth et reprit la clientèle. Il est aussi le chef de famille.

L'autre événement est moins ordinaire : Jésus ne se maria pas.

Prendre femme était absolument naturel, presque obligatoire, chez les Juifs du temps : il fallait assurer la descendance.

Or nous sommes bien obligés de constater que Jésus resta célibataire. S'il avait eu une femme, elle aurait joué un rôle, on l'aurait mentionnée dans les évangiles. On y parle bien de la belle-mère de Pierre, preuve que Simon-Pierre, au contraire, était marié :

« La belle-mère de Simon était couchée, fiévreuse » (Marc I, 30). Si Jésus avait eu une épouse, elle aurait voulu, comme les femmes du prophète Mahomet, paraître dans la primitive Église. Rien !

Pourquoi ce célibat ? Les moines de Qumrān étaient célibataires mais, bien que Jésus les connût, il ne voulut jamais être moine.

Il faut rapprocher son célibat de celui des prophètes « eunuques pour le royaume » (Matthieu XIX, 12), celui aussi des Baptistes : un signe déjà, au cœur de sa vie cachée, que l'artisan de Nazareth se préparait à un certain destin.

Portrait

Jésus sera pendant de longues années un *artisan de village.* Comme un bon artisan, il conseille de réfléchir et de juger avant de commencer l'ouvrage : « Celui qui veut bâtir une tour commence par se demander quels matériaux lui seront nécessaires » (Luc XIV, 28).

Autour de son atelier, la vie rurale de la verte Galilée. Si le Coran porte la marque du désert et méconnaît les travaux des champs, les évangiles évoquent à tous moments la *vie agricole*, fait d'autant plus surprenant qu'une génération plus tard les évangélistes s'adressaient seulement à des citadins (cf. les *Actes des Apôtres*) et qui ne peut venir que du Maître lui-même. « La moisson est abondante, mais les ouvriers peu nombreux » (Matthieu IX, 35-38), ou encore : « Un propriétaire sortit au point du jour afin d'embaucher des ouvriers pour sa vigne » (Matthieu XX, 1) ; tout un petit monde de pêcheurs du lac, de bons ou de mauvais semeurs, de vignerons et d'intendants avisés, de figuiers, d'oliviers, de grains, surgit à chaque parole du Christ.

Tandis qu'il accomplissait son ministère, Jésus était en pleine force.

On ne sait rien de son visage, de son sourire, de son écriture, mais on peut conclure de l'impression qu'il produisait sur les femmes qu'il avait de l'allure. « Béni le sein qui t'a porté », disaient-elles. Nous savons qu'il était solide et en bonne santé ; s'il est parfois fatigué, il n'est jamais malade (on parle pourtant beaucoup de maladies dans les textes). Il était de type méditerranéen : brun de cheveux, basané de peau, les yeux marron – un vrai Sémite.

Jésus fut un marcheur endurci. Sa vie

publique entraîna des marches incessantes : autour du lac de Tibériade, de Galilée à Jérusalem et retour, par la Samarie ou par la vallée du Jourdain; retraites aux déserts du Néguev ou de Transjordanie, pérégrinations au Sud-Liban jusqu'au bord de la Méditerranée – des étapes de trente à quarante kilomètres par jour.

On sait que son regard produisait une impression profonde sur les gens. Nos textes l'évoquent souvent : « Promenant son regard autour de lui » (Marc V, 32) et en face du jeune homme riche : « Fixant sur lui son regard, il se prit à l'aimer » (Marc X, 21).

C'était aussi, nous le savons, un orateur extraordinaire.

Quelles langues parlait-il?

Il s'adressait aux gens en araméen, la langue sémitique usuelle de la Palestine d'alors (encore parlée aujourd'hui dans certains villages proches de Damas). Il savait aussi lire et parler l'hébreu ancien, langue liturgique du Temple et de la synagogue, langue des Écritures et de la Thora. Nous l'avons vu, à la synagogue de Nazareth, lire un passage du prophète Isaïe, écrit en hébreu (Luc IV, 16-23). Enfin, il parlait grec. Quand il rencontre des officiers romains, un centurion par exemple, il n'a pas besoin de traducteur. « Un centurion vint le trouver en le suppliant » (Matthieu VIII, 5) et il est peu vraisemblable que les officiers romains aient pris la peine d'apprendre l'araméen; ils usaient du grec, langue officielle de l'Empire en Orient.

Pas de traducteur non plus entre Jésus et Pilate (Jean XVIII, 33-38). Cela n'avait rien d'étonnant pour un Juif lettré de Palestine à cette époque. Songeons par exemple au temps de l'Algérie française : un Algérien cultivé parlait également et naturellement trois langues : le dialecte algérien dans la vie courante, l'arabe littéraire à la mosquée, et le français dans ses rapports avec l'administration.

A travers les textes évangéliques, nous faisons connaissance avec la personnalité humaine du Christ. Il possédait l'*équilibre des contraires*. C'était un homme complexe : poète, il célèbre les fleurs, réaliste, il ne craint pas de parler des vécés (Marc VII, 19) ; tendre, il « aime » le jeune homme riche, violent. Il pourra dire à Pierre : « Arrière de moi, Satan. » Contemplatif, il se retire la nuit pour prier ; fort actif, il mène une vie publique, bousculé par les foules et d'incessantes pérégrinations.

Une phrase résume sa vie, une des plus belles qu'il ait dites ; c'est un paradoxe ô combien toujours actuel : « Que sert à l'homme de gagner l'univers, s'il vient à se perdre lui-même ? » (Matthieu XVI, 26) – on traduit souvent *lui-même* par « son âme », mais nos textes écrivent bien « lui-même ». D'ailleurs la notion d'âme opposée au corps est une idée grecque, platonicienne, et non biblique.

Hostilité de sa famille

Dès qu'il sort de la norme, quitte son atelier et commence sa prédication, Jésus se heurte à l'hostilité des siens, ses frères et ses sœurs que nous avons évoqués. Même sa mère ne le comprend plus. Nos auteurs sont très clairs à ce sujet et d'autant plus crédibles que la mère et les frères de Jésus, au moins Jacques, étant respectés dans la primitive Église productrice des évangiles, cet aveu a dû leur arracher la langue. Nous constatons ici, encore une fois, la scrupuleuse honnêteté de nos évangélistes qui les oblige à rapporter des détails gênants une génération plus tard; mais telles étaient les choses et pas autrement!

Un jour, nous racontent à la fois Matthieu, Luc et Marc, sa mère et ses frères veulent voir Jésus, lui parler afin de « le ramener à la maison ». Ils sont affolés par son action et se disent : « Il a perdu le sens. » Mais ils ne peuvent l'aborder à cause de la foule qui l'entoure.

On l'en informe : « Ta mère et tes frères sont dehors et veulent te voir. » Mais il répond cette phrase définitive : « Ma mère et mes frères ne sont pas [ceux qui sont dehors], ce sont ceux qui écoutent la parole de Dieu et la mettent en pratique » (Marc III, 21-35).

La vie publique de Jésus marque donc,

immédiatement, une rupture avec sa famille, rupture déjà annoncée par la fugue de l'adolescence. Il est venu instaurer une nouvelle fraternité qui ne devra rien aux liens du sang. Ce n'est qu'après sa mort, et dans la communauté primitive, que la famille va se réconcilier, de manière posthume, avec Jésus.

Les premiers disciples se réunissent alors « avec quelques femmes dont Marie, mère de Jésus, et ses frères » (Actes I, 14).

Toute sa vie, pourtant, ses frères lui avaient été hostiles : « Même ses frères ne croyaient pas en lui », souligne Jean, rejoignant les synoptiques (Jean VII, 5). Et l'on connaît la parole désabusée de Jésus à ce sujet : « Nul n'est prophète en son pays et dans sa propre famille » (Marc VI, 4).

Le début de la prédication

Jusqu'au-delà de la trentaine, Jésus vécut de son activité professionnelle à Nazareth, déjà différent, célibataire et en contact avec le mouvement spirituel des Baptistes, mais, en somme, toujours conforme.

Soudain, il quitte son atelier qu'il ne réintégrera plus. On peut penser que l'un de ses frères lui succède, probablement son cadet Jacques. Pour sa part, Jésus commence alors une activité à plein temps de prédicateur itinérant.

La date des débuts du ministère public est indiquée par Luc : « l'an 15 du principat de Tibère » (Luc III, 1). Auguste étant mort le 19 août de l'an 14 de notre ère, la première année de son successeur va d'août 14 jusqu'à la fin de l'année civile romaine qui tombait le 30 septembre (le premier de l'an chez les Latins était le 1er octobre.)

La quinzième année, mentionnée par Luc, commence donc le 1er octobre 27, en même temps que le ministère de Jésus. Cette date est confirmée par Jean – la chronologie du quatrième évangile, moins catéchétique, plus soucieux des faits, est toujours importante. Quand Jésus commence son ministère, les Judéens disent à Jésus : « Il a fallu quarante-six ans pour construire ce temple » (Jean II, 20). Or, nous savons par Flavius Josèphe qu'Hérode a commencé la construction du Temple en 19 avant notre ère. Cette indication situe donc, elle aussi, les débuts du ministère de Jésus en l'an 27, vers le mois d'octobre.

Il s'agit d'une année « sabbatique », c'est-à-dire d'une année sainte pour les juifs, qui commença le 1er de Tishri (1er octobre) de l'an 27.

Un tel contexte convenait à merveille au genre de lecture choisi par Jésus dans la synagogue de Nazareth (extrait du prophète Isaïe) et à ses paroles où il déclarait « proclamer une année de grâces » (Luc IV, 16-30).

Né en – 6 ou – 7, Jésus avait donc alors trente-quatre ou trente-cinq ans.

Jean Baptiste

La prédication de Jean Baptiste décida Jésus à rompre avec sa vie d'artisan, les quatre évangélistes nous le confirment.

Jésus fréquentait (probablement depuis longtemps) le mouvement baptiste. Ce mouvement de réveil spirituel proclamait l'imminence du salut et appelait à la conversion du cœur, manifestée par un rite d'immersion dans l'eau vive. A la différence des rites monastiques des Esséniens de Qumrān, ou même des sacrifices du Temple ou des prescriptions de pureté des pharisiens, toutes liturgies difficiles et compliquées à observer, le rite du baptême d'eau était simple et accessible à tous.

Jean Baptiste était le meneur le plus connu du mouvement des baptiseurs. Or Jésus connaissait Jean. Ils étaient cousins. Luc affirme que Marie, mère de Jésus, et Élisabeth, mère du Baptiste, étaient cousines – notation qui semble factuellement très sérieuse (Luc I, 36-56).

Nous ignorons quel métier exerçait Jean, toujours est-il qu'il quitta sa vie quotidienne pour partir faire retraite et prêcher au désert, dans l'ascétisme. « Qu'êtes-vous allés voir au désert ? » (Matthieu XI, 7), demandera Jésus. Le quatrième évangile précise que Jean s'établit en Transjordanie, au-delà du Jourdain, et qu'il baptisait sur le fleuve (Jean I, 28). De fait, la Transjordanie était un lieu habituel d'activité baptiste. Cette retraite au désert de son cousin détermina Jésus à rompre lui aussi avec sa vie quotidienne. Il y vit comme un signal et sut que « son heure était venue ».

Jésus fut entraîné par Jean Baptiste. Le Baptiste qui prêchait la conversion du cœur est dans la ligne des prophètes d'Israël, et c'est ainsi qu'il fut considéré par le peuple. L'ermite eut immédiatement un grand succès et les curieux commencèrent d'affluer autour de lui. Jésus fit comme tout le monde : dès qu'il entendit parler de la prédication de son cousin, il quitta Nazareth pour se rendre auprès de lui.

Les rapports entre Jésus et le Baptiste sont donc bien établis, de façon décisive. La plupart des premiers disciples de Jésus furent d'abord des disciples de Jean Baptiste (lesquels, cependant, ne suivirent pas tous Jésus, même après la mort de leur prophète). Bien des années plus tard, on en trouve encore jusqu'à Éphèse – (Actes XIX, 3). Le rite du baptême par l'eau fut repris à leur compte par les premiers chrétiens.

Cependant, les différences entre Jésus et Jean Baptiste sont grandes; Jésus l'admira et l'aima, mais ne chercha pas à lui ressembler : Jean porte le vêtement traditionnel des prophètes, comme Élie (II Rois I, 7), « un pagne de peau autour des reins, une fourrure pour la nuit »; c'est un ascète qui mange peu et ne boit pas de vin; il réside au désert et l'on vient à lui.

Jésus s'habillera comme tout le monde, il mangera et boira avec plaisir, le vin surtout (Matthieu XI, 18-19). Il n'imposera à ses disciples aucune règle ascétique et voudra vivre au milieu des gens, en prédicateur itinérant s'invitant aux festins de noces. Jésus prêchera en fait davantage à la manière des pharisiens.

Quand le prophète baptiste fut exécuté par le roitelet Antipas qu'il avait dérangé en lui disant : « Il ne t'est pas permis d'avoir la femme de ton frère » (Matthieu XIV, 3-13), Jésus, quoique empli de tristesse, continua son ministère. S'il fut Baptiste, Jésus fut un Baptiste dissident.

Il n'empêche que le parcours flamboyant et tragique du prophète Jean est décisif dans l'histoire de Jésus : le Baptiste a vraiment été pour lui « la voix qui crie dans le désert pour préparer le chemin » (Matthieu III, 3).

La semaine inaugurale

Quand on lit seulement les synoptiques, on a l'impression que Jésus réunit ses premiers disciples autour du lac de Tibériade. Mais Jean, l'évangéliste, nous apprend que le Christ les avait d'abord connus auprès du Baptiste en Jordanie (Jean I, 19-51).

Lorsque Jésus, venu de Galilée, aborda le baptiseur, celui-ci était, comme d'habitude, entouré d'une petite foule. La rencontre se passa dans la vallée du Jourdain au nord de Jéricho, en pleine campagne, où Jean baptisait dans l'eau du fleuve. Dès que le Baptiste vit Jésus, il reconnut son cousin et lui conféra une sorte d'adoubement en le désignant à haute voix comme l'« agneau de Dieu » (Jean I, 36). Le Baptiste se référait à la parabole du « serviteur souffrant » que l'on trouve chez Isaïe et qui parle d'un « agneau mené à l'abattoir et qui n'ouvre pas la bouche » (Isaïe CIII, 7).

Jésus et son cousin avaient souvent médité ensemble ce beau texte de l'Écriture dans lequel l'envoyé de Dieu est accablé par la douleur et méprisé des hommes. C'était devenu entre eux comme un signe de reconnaissance. Jésus entra dans l'eau peu profonde du Jourdain, et Jean lui en versa sur la tête.

Cette formalité accomplie, Jésus s'éloigna rapidement sans regarder en arrière. Mais il savait qu'il était suivi. Deux des disciples du Baptiste, intrigués par l'allusion du prophète à l'« agneau de Dieu », avaient marché sur ses pas.

Jésus se retourna brusquement et leur demanda : « Que voulez-vous ? » Pris de court, ils ne trouvèrent rien d'autre à répondre qu'un banal : « Où demeures-tu ? » Jésus logeait chez des amis dans une maison des environs. Les deux hommes l'y accompagnèrent et passèrent le reste de la journée avec lui : « C'était environ la dixième heure. » L'un des deux était Jean l'évangéliste, alors âgé de dix-sept ans, l'autre était son ami André. Les mots échangés sont simples. « Que voulez-vous ? » « Où demeures-tu ? » En réalité, comme il arrive dans les rencontres décisives, ce qui se passe en profondeur dépasse les mots. Ainsi naissent souvent les amitiés. Jean a retenu jusqu'à l'heure exacte du début de cette amitié-là.

Le lendemain, André s'en alla trouver son frère Simon, lequel était resté auprès du Baptiste, et il l'amena à Jésus. « Jésus le regarda » (Jean I, 42) – encore un de ces regards de Jésus qui ont frappé des témoins aussi différents que Pierre (on le voit dans l'évangile de Marc) et Jean –, puis Jésus donna un surnom à Simon : « Tu t'appelleras “ le Roc ” » – d'où le nom de Simon-Pierre.

Dans les synoptiques, il n'est pas raconté dans quelles circonstances Jésus a surnommé Simon. Marc dit bien que Jésus « lui imposa le nom de Pierre » (Marc III, 16), mais sans donner de détails. C'est par Jean que l'on sait comment cette nomination se fit. André et Pierre étaient des marins-pêcheurs temporairement descendus du lac de Galilée pour écouter le Baptiste. Simon-Pierre était à son compte.

Quant à Jean, il ramena lui aussi son frère aîné Jacques. Les deux étaient fils d'un certain Zébédée, important patron pêcheur du port de Capharnaüm. A cause de leur caractère assez vif et même colérique, Jésus surnommera plus tard les deux frères « fils du tonnerre » (Marc III, 17).

« Le lendemain », Jésus rencontra un certain Philippe et lui dit : « Suis-moi. » Philippe était de Bethsaïde, un autre port des bords du lac de Galilée. Surpris lui aussi, subjugué, fasciné, il essaya d'amener à Jésus son ami Nathanaël (le même qui, apprenant par Philippe que Jésus était de Nazareth, eut l'expression fameuse déjà citée : « De Nazareth peut-il sortir quelque chose de bon ? »).

Jean l'évangéliste, décrivant l'entourage de Jean Baptiste, note soigneusement la succession et les heures précises de ces journées passées près du Jourdain. Ces textes si simples nous transmettent encore aujourd'hui le choc que fut l'arrivée de Jésus, la fascination qu'il exerçait.

Adoubé et baptisé par Jean Baptiste, entouré de ses six premiers amis, Jésus quitta le Jourdain pour remonter vers le nord. En effet, on célébrait des noces à Cana de Galilée (Jean II, 1) où sa mère avait promis qu'il paraîtrait de sa personne.

Les tentations de Jésus

Matthieu (IV, 1-11), Luc (IV, 1-13) et Marc (I, 12-13) nous racontent comment Jésus fut tenté par Satan : une allusion chez Marc, deux récits chez Matthieu et Luc. Le genre littéraire de ces deux récits est particulier : ce ne sont plus les récits de l'enfance qu'on trouve chez les mêmes auteurs, mais pas encore le récit de la vie publique.

La tentation est une épreuve que connaissent tous les êtres spirituels, et même tous les héros : celle d'échapper au destin.

Le « diable » n'intervient ici que par référence à l'imagerie traditionnelle du judaïsme, lequel avait emprunté à la religion mésopotamienne, pendant l'exil de Babylone, l'angélologie chaldéenne.

Entre les divinités et les hommes existent les anges, êtres immatériels intermédiaires, dont les uns sont bons et les autres mauvais (on retrouve cette croyance chez les animistes africains). Bien sûr, pour le judaïsme, ces êtres intermédiaires sont créatures du Dieu unique.

Jésus sait fort bien que le mal ne vient pas de ces créatures, mais du cœur de l'homme. « C'est de l'intérieur de l'homme que proviennent les méchantes idées, les meurtres, les cupidités... » (Marc VII, 21). Il a médité aussi la grande leçon de Job : le malheur existe comme fatalité, sans liaison compréhensible avec le péché des hommes ou la volonté de Dieu !

« En passant, Jésus vit un aveugle de naissance. Ses disciples l'interrogèrent : " Rabbi, qui a péché, lui ou ses parents, pour qu'il soit né aveugle ? " Jésus leur répondit : " Ni lui, ni ses parents " » (Jean IX, 1-3).

Mais Jésus croit aux anges et à Satan, de même que ses contemporains israélites. Henri Guillemin se désespère de le voir si souvent parler du « feu du ciel qui consumera les méchants [1] », par exemple : « Allez loin de moi, maudits, dans le feu éternel préparé pour le diable et ses anges » (Matthieu XXV, 41).

Mais ce qui appartient en propre à Jésus,

1. *L'Affaire Jésus*, Seuil, 1982.

c'est la prédication d'un Dieu d'amour et de pardon. Le feu, le diable, les récits de tentation, ne sont que des manières de parler stéréotypées, héritées de l'Ancien Testament. Les « récits de tentation » nous en révèlent cependant long sur la personnalité du Christ.

Il y a trois tentations : changer les pierres en pains, se jeter en bas du Temple, régner sur tous les royaumes du monde.

Il est évident que la deuxième et la troisième n'ont pas leur place au désert : nous décelons ici la recomposition effectuée par les rédacteurs dans un but de catéchèse, car, d'évidence, ces trois scènes (peut-être bien racontées en confidence par Jésus lui-même) se situent à des moments très différents de sa vie.

Seule la première tentation a sa place au désert. Elle y est dans son cadre naturel : les étendues pierreuses du Néguev, plus vraisemblablement de la Jordanie.

Pour les Israélites, le désert n'est pas seulement un lieu géographique. C'est le lieu de la naissance d'Israël après la sortie d'Égypte; le lieu où s'est forgée la loi de Moïse. Le peuple d'Israël a quitté le désert pour devenir un peuple de paysans, d'artisans et de commerçants, mais le désert reste proche : quoi de plus naturel pour un Palestinien que de franchir le Jourdain vers la Jordanie ou de pousser au sud de Jérusalem vers le Néguev? Jésus y est certainement allé souvent, et il est fort probable en effet, comme le disent les synoptiques, qu'avant de rejoindre le Baptiste et donc de commencer sa vie publique, de « franchir le Rubicon », il éprouva le besoin d'y faire retraite et d'y jeûner « pendant quarante jours et quarante nuits » (Marc I, 12-13).

Il est avéré aussi que le désert est le lieu suprême de la tentation. Quand l'homme y fait retraite, il est confronté à l'essentiel, à l'épure des choses; il sort de son somnambulisme coutumier, il se réveille et redevient capable de choix importants : foi ou blasphème. Or donc, nous dit l'évangéliste, « Jésus eut faim » (Matthieu IV, 2). Après un long jeûne au milieu du désert pierreux, quoi de plus naturel que de rêver changer les pierres en pains! Ici est insérée l'une des plus belles paroles de Jésus, reprise de l'Ancien Testament, mais affinée et qui rassemble dans son affirmation dubitative l'essentiel des convictions du Christ : « L'homme ne vit pas seulement de pain!... » (Matthieu IV, 4).

Évidemment, le pain est nécessaire à l'homme et Jésus le sait, qui insérera dans la prière qu'il apprendra à ses disciples cette humble demande : « Donne-nous aujourd'hui notre pain quotidien » (Matthieu VI, 11). Mais une fois la faim matérielle rassasiée, surgit la faim, inextinguible, d'autre chose.

La tentation du Temple s'est produite, c'est évident, à un autre moment, une des fois – nombreuses dans sa vie – où Jésus se trouvait sur l'esplanade du Temple de Jérusalem qui domine de haut le profond ravin du Cédron – le site reste impressionnant aujourd'hui. Là, peut germer l'idée de se jeter dans le vide.

La tentation concernant les « Royaumes de la Terre » naquit sans doute sur le mont Hermon, cette majestueuse montagne du Sud-Liban qui domine la Galilée et sur laquelle nous savons par ailleurs que Jésus s'est rendu une fois avec ses disciples pour échapper aux tracasseries policières d'Antipas. Du sommet enneigé de l'Hermon, on jouit d'une vue magnifique, quand il fait beau, sur la Galilée, la Syrie et l'Anti-Liban. « Tous les royaumes du monde » est une amplification lyrique, mais ceux qui ont pratiqué la montagne savent qu'en certains sommets, on a bien l'impression d'embrasser du regard « tous les royaumes du monde et leur gloire ».

Comme nous venons de le démontrer, les tentations du Christ, artificiellement rassemblées par les synoptiques, sont à replacer en des moments différents et en des lieux divers de la vie publique de Jésus.

En réalité, Jésus a fait l'expérience de la tentation tout au long de sa vie, et jusque sur la croix, lorsqu'il entendit qu'on lui disait : « Si tu es le Messie, descends de là, et nous croirons en toi » (Marc XV, 29-32).

Mais quelles furent les véritables tentations que connut le Christ ? Quelles sont celles auxquelles il a refusé de céder ?

LE PROBLÈME DES MIRACLES DE L'ÉVANGILE

La tentation du prodige fut certes la plus fréquente. Si le récit des synoptiques nous en rapporte deux (changer les pierres en pains; se jeter du haut du Temple), c'est tous les jours de sa vie publique que Jésus fut sommé par son entourage d'accomplir des prodiges. Il s'en agaçait : « Cette génération me réclame sans cesse des prodiges. Il ne lui en sera pas donné » (Matthieu XII, 39) – mais, ému de compassion devant la misère humaine et les maladies, il ne pouvait repousser les aveugles, les lépreux et autres paralytiques qui venaient à lui comme il repoussait les demandes des scribes et des pharisiens.

A l'instar de tous les prophètes, il fut, un peu malgré lui, un grand thaumaturge. D'ailleurs, même en dehors du judaïsme, il n'était pas à l'époque de maître spirituel qui ne fût aussi thaumaturge; pas de sanctuaire, à Jérusalem ou à Delphes, où ne s'accomplissent des guérisons. Les miracles étaient dans l'ordre des choses.

Les *miracles de l'évangile* sont donc à replacer dans un contexte – bien éloigné du nôtre – où le merveilleux, d'une certaine manière, était banal.

Pendant des générations, ces miracles ont été considérés comme preuves de la puissance surnaturelle du Christ. Aujourd'hui, au contraire, on les considère plutôt comme des obstacles majeurs à la lecture des évangiles! Nous vivons en effet dans un monde technique, matérialiste; notre vision de l'univers s'est profondément transformée et on ne croit plus aux miracles. Faut-il alors arracher des évangiles, comme indignes de l'Histoire, les récits de miracles? Les tenir pour des affabulations, comme le proposent les plus grands exégètes « criticistes »?

Extirper des évangiles les récits des miracles tient de l'impossible, tellement ils sont imbriqués par toutes leurs fibres au contexte. De plus, si nous les étudions de près, une constatation surprenante s'impose: ces récits qui pouvaient sembler appartenir au genre « merveilleux », comme les voix célestes des récits de l'enfance, ressortissent, au contraire, au genre du « reportage » et rendent un son criant de « choses vues »!

Trois exemples de miracles (tous les trois situés sur les rives du lac de Tibériade) nous convaincront de ce paradoxe.

1. Jésus, qui vient de traverser le lac avec ses disciples et descend de sa barque, est immédiatement entouré par la foule. Le chef de la synagogue du petit port, un certain Jaïre, se précipite sur lui: « Ma petite fille est à toute extrémité, viens lui imposer les mains » (Marc V, 21 sqq). Jésus suit Jaïre, « bousculé de tous côtés » par les gens assemblés.

« Or, une femme atteinte de pertes de sang depuis douze ans, qui avait souffert du fait de nombreux médecins et avait dépensé tout son argent avec eux sans aucun profit, allait de mal en pis. » C'est Marc qui écrit, sur le témoignage de Pierre. Luc, le médecin, a soigneusement gommé de son évangile ces remarques, peu aimables pour sa corporation! Cette femme donc avait entendu parler de Jésus. « Venant par-derrière dans la foule, elle toucha son manteau. Car elle se disait : si je touche au moins son manteau, je serai guérie. Aussitôt, elle sentit qu'elle était guérie de son hémorragie. Alors, Jésus, s'étant retourné dans la foule, demanda : " Qui a touché mes vêtements ? " Ses disciples lui répondirent : " Tu vois la foule qui te presse de tous côtés et tu demandes : qui m'a touché ! " Mais lui continuait de regarder. » Alors, la femme, sachant ce qui lui était arrivé, lui dit la vérité : « Ma fille, lui dit-il, ta foi t'a sauvée, va en paix. »

Nous ne poursuivrons pas la lecture de ce passage de Marc, extrêmement vivant, bourré de détails inutiles, pour le propos principal. Quand Jésus arrive à la maison du chef de la synagogue, la petite fille est inanimée et les pleureuses sont déjà présentes. Jésus prend la main de l'enfant et la relève. Notons que Marc nous transmet ici ses paroles dans l'araméen originel : « *Talitha koum* (Petite fille, lève-toi). » C'est vraiment une « chose entendue », transmise telle quelle.

2. Jésus et les disciples sont en barque au

milieu du lac (Marc IV, 35-41), ils ont voulu échapper à la foule. Jésus en profite pour faire un somme, allongé dans la barque. Survient alors une forte tempête – les courtes tempêtes sont aussi fréquentes sur le lac de Tibériade, entouré de montagnes, que sur le lac d'Annecy, et pour les mêmes raisons. Le roulis et le tangage ne réveillent pas Jésus. On voit souvent, dans les évangiles, le Christ dormir ou souffrir de fatigue. Il dormait malgré la tempête, comme Bonaparte dormait, malgré le canon, enroulé dans une couverture sur le champ de bataille. Les disciples, voyant cela, le secouent et l'apostrophent rudement : « Maître, ça ne te fait rien que nous périssions ! » S'étant réveillé, Jésus dit à la mer (emphatiquement, les Galiléens appelaient « mer » le lac de Tibériade) : « Silence, calme-toi ! » « Le vent tomba et il se fit un grand calme. » Cette affaire ne pouvait manquer de frapper le marin-pêcheur qu'était Simon-Pierre, inspirateur de Marc.

3. Sur le rivage du lac, un père lui amène un jour son enfant, un jeune garçon (Marc IX, 14-29) : « Aussitôt qu'il fut en présence de Jésus, l'enfant se secoua violemment, tomba à terre et s'y roula en écumant. Jésus demanda au père : " Il y a combien de temps que cela lui arrive ? " » (Ne croirait-on pas un médecin qui consulte ?) « Depuis son enfance, reprit le père. Il se jette parfois dans le feu ou dans l'eau. » (Intervient ici un dialogue dont nous reparlerons.) « Après avoir poussé des cris et s'être violemment secoué, l'enfant devint comme mort, si bien que

la plupart des gens disaient : “ Il a trépassé. ” Mais Jésus le prenant par la main le releva, et il se tint debout. »

A la lecture de ces trois récits, on a l'impression qu'il ne se passe rien que de très naturel. La guérison soudaine de l'hémorragie nous fait penser à l'aventure de la romancière, Marie Cardinal, qui raconte comment à la suite d'un choc émotionnel, elle fut soudainement délivrée de règles hémorragiques [1]. Pure psychosomatisation.

Les tempêtes du lac de Tibériade, comme celles du lac d'Annecy, s'interrompent sans préavis, on le sait d'expérience.

Quant au jeune garçon, nous avons là, décrite par Marc d'une manière presque clinique, une violente crise d'épilepsie, avec la prostration cadavérique caractéristique qui succède à la crise.

Aucun prodige là-dedans.

D'ailleurs, Jésus a toujours refusé les prodiges. Quand on lui demande d'en faire, il se met en colère : « Il ne sera pas donné de prodiges à cette génération » (Matthieu XII, 39), ou ailleurs : « Du moment qu'ils n'écoutent pas Moïse et les prophètes, même si un mort ressuscitait, ils ne seraient pas convaincus » (Luc XVI, 31). Il refuse de changer les pierres en pains et de se jeter du haut du Temple. Il refuse la tentation du prodige.

Les miracles sont pour lui des « signes » déchiffrables seulement par ceux qui sont dis-

1. *Les Mots pour le dire*, Grasset, 1983.

posés à les voir; des signes qui nourrissent la foi. Ne répète-t-il pas à ceux qui sont guéris : « Ta foi t'a sauvé »? Avec le père du jeune épileptique, il a cet extraordinaire dialogue : « Si tu peux quelque chose, lui dit le père, viens à son aide », et Jésus de répondre : « Si je peux? Tout est possible à celui qui croit. » Alors le père de l'enfant trouve cette réplique dans laquelle, en même temps, est proclamée la foi et avoué le doute : « Je crois! Viens en aide à mon incrédulité. »

Pour l'historien, il ne s'agit nullement de nier la possibilité métaphysique du miracle. Il s'agit de constater que les miracles de l'évangile sont pour la plupart des événements explicables. Il y a des exceptions, mais ce sont des affabulations légendaires, très reconnaissables à leur style liturgique fort éloigné du ton de reportage qui caractérise Marc; ainsi les « miracles » qui auraient suivi la mort du Christ sur la croix : « Le rideau du Temple se déchira, la terre trembla, les rochers se fendirent. Les tombeaux s'ouvrirent et de nombreux saints sortirent des tombeaux... » (Matthieu XXVII, 51-52).

Que les miracles de Jésus soient des événements explicables, et par là « historiques », ne les empêche nullement de constituer des signes pour la foi. Jésus refuse le prodige; il ne fait pas de miracles pour convertir les gens, il adresse des signes à ceux qui sont déjà convertis! Quand la foi n'existe pas, quand les gens ne croient pas, « il ne peut faire aucun miracle ». C'est arrivé à Nazareth, sa ville d'enfance, et l'évangéliste a bien écrit : « Il ne put faire » aucun miracle et « il s'étonnait de leur manque de foi » (Marc VI, 5-6).

La tentation de la puissance

L'autre tentation qui poursuivit le Christ fut de « régner sur les Royaumes du monde », être roi ! Jésus est soumis à la pression extraordinaire de tous ceux qui l'aimaient, le suivaient et le pressaient d'accepter de devenir vraiment roi, avec les armes de ce monde. Combien de fois voit-on dans les évangiles la foule tenter de lui donner le pouvoir !

Les zélotes, résistants, nationalistes juifs – deux d'entre eux étaient ses disciples directs –, ne pouvaient interpréter autrement son action.

Or Jésus ne veut pas du pouvoir. Il sait, il sent que ce n'est pas un rôle. Non qu'il condamne le moins du monde l'action politique ou la lutte armée, mais il se connaît un autre destin qui n'est ni de « frapper par l'épée », ni de « périr par l'épée » (Matthieu XXVI, 52).

Toute sa vie, Jésus gardera sa liberté par rapport à tous les pouvoirs et se refusera à en révérer aucun : « Tu ne rendras de culte qu'à Dieu seul », est-il dit dans le récit des tentations (Matthieu IV, 10).

Cet état d'esprit explique chez Jésus l'attitude que l'on appelle le *secret messianique.* Chaque fois que les gens sont frappés par ses paroles ou son action, Jésus « leur recommande vivement de ne rien dire à personne » (Marc V, 43). « Il enjoignit aux disciples de ne dire à personne qu'il était le Messie » (Matthieu XVI, 20 – il est écrit « le Christ », mais c'est équivalent). Jésus savait à quel point pour la majorité des Juifs, et même des disciples, l'idée du Messie était une idée politique.

Si les apôtres sont devenus généreux après la mort du Christ, au commencement, suivre le Messie, c'était aussi suivre un homme qui vraisemblablement allait prendre le pouvoir et distribuer les prébendes : « Quelles places vas-tu nous donner dans ton royaume ? » (Marc X, 35) demandent-ils sans cesse. A cette fin, les disciples sont même prêts à employer les grands moyens : quand on les reçoit mal, ils prient Jésus de faire tomber le feu du ciel sur les récalcitrants. « Alors Jésus, se retournant vers eux, les réprimanda sévèrement » (Luc IX, 54-55).

Toute sa vie Jésus a repoussé la tentation de la puissance. Contrairement au titre de la célèbre nouvelle de Rudyard Kipling, *L'Homme qui voulut être roi*, Jésus fut « l'homme qui ne voulut pas être roi » !

II

Le meilleur du judaïsme

Autour du lac de Tibériade

Après avoir quitté le Baptiste, Jésus commence son nouveau métier de prédicateur itinérant, en Galilée, autour du lac de Tibériade. Il a passionnément aimé ce paysage, le bleu des eaux enserrées dans des montagnes fauves, la luminosité du ciel, la douceur du climat abrité (le lac est en dessous du niveau de la Méditerranée). Il devait penser de ce pays ce qu'en écrira plus tard un poète palestinien, Mahmoud Darwish :

Ce terroir est à moi
Ce terroir est la paroi de mes os.

Plus haut, sur les vertes collines de haute Galilée, c'est en sa ville de Nazareth que Jésus avait inauguré sa prédication, en lisant Isaïe dans la synagogue. Mais ses concitoyens n'avaient pas admis qu'il se mette en avant et se conduise comme un « docteur en Israël » : « “ N'est-ce pas là le charpentier, le fils de Marie, le frère de Jacques, de Joset, de Jude et de Simon ? Et ses sœurs ne sont-elles pas ici parmi nous ? D'où lui viendrait la sagesse ?... ” Et ils étaient scandalisés... » (Marc VI, 1-4).

Jésus était donc descendu sans regret vers les villes du lac, des villages plutôt, à l'exception de Tibériade (ainsi nommée à cause de l'empereur régnant) : Tibériade-Gennésareth, Capharnaüm, Chorazeïn, Bethsaïde, où on n'était pas prévenu contre lui et où on l'écoutait volontiers. Il retrouva ceux qu'il avait séduits après sa rencontre avec Jean Baptiste et qui avaient repris leur métier de marins-pêcheurs. Il les rappela : « Venez à ma suite et je ferai de vous des pêcheurs d'hommes » (Marc IV, 18-22). Après Simon (surnommé Pierre) et André, puis les fils de Zébédée, Jacques et Jean, ainsi que Philippe et son ami Nathanaël, il en recruta d'autres dont deux étaient des zélotes, Simon et Judas le sicaire, mais aussi Thomas l'incrédule, Jacques le fils d'Alphée, Thaddée.

Jésus prouva son absence de préjugés en intégrant au groupe des disciples Matthieu-Lévi, un publicain qui percevait l'octroi pour les Romains et qui abandonna son bureau pour le suivre. Nous avons souligné à quel point ces collaborateurs de l'occupant étaient méprisés. Il fallait toute la séduction de Jésus pour que coexistent dans le même groupe un publicain et des zélotes.

Le moment le plus solennel, rapporté par les

trois synoptiques (Marc III, 13-19; Matthieu X, 1-4 et Luc VI, 12-16), fut celui où Jésus les institua « douze pour être avec lui et proclamer avec lui la bonne nouvelle ». La valeur prophétique est claire : douze, comme les douze tribus d'Israël. Par ce geste, Jésus revendiquait son autorité en Israël. Nul ne s'y est trompé.

Le groupe des disciples : organisation, mixité, ressources financières

Malgré cette « institution », les disciples ne devinrent pas pour autant professionnels à plein temps. En dehors des heures ou des jours de prédication, ils continuaient à lancer le filet pour attraper de véritables poissons. Seul Matthieu-Lévi jugea plus décent d'abandonner une charge compromettante, mais il faut dire qu'il était riche.

Les disciples continuèrent, à l'opposé de leur maître, d'habiter chez eux. Ceux qui, comme Simon-Pierre, étaient mariés ne quittèrent pas leurs épouses. Certes, ils accompagnaient le maître dans ses « tournées » de prédication, mais leurs habitations étaient toujours leur point d'ancrage. Comme Simon-Pierre était maître chez lui et disposait d'une maison assez vaste au bord du lac, sa demeure devint même une sorte de quartier général pour le groupe : Jésus y résidait. Marc l'appelle « *la* maison » (Marc II, 1).

Souvent, ils quittaient « la maison » pour aller

ensemble annoncer dans toute la Palestine la bonne nouvelle du Royaume de Dieu.

Des femmes aussi faisaient partie du groupe, à temps partiel comme les apôtres. Elles n'étaient pas « instituées » à l'instar des douze, mais participaient librement aux discussions : ainsi Marie-Madeleine et sa sœur Marthe. La plupart de ces femmes étaient d'un milieu social élevé : Lazare, frère de Marie et de Marthe, était un notable judéen qui possédait une belle maison à Béthanie près de Jérusalem ; quand le groupe « montait » à la capitale, c'est là qu'ils logaient tous. Jésus, s'il n'était pas « en tournée », avait donc deux résidences – la principale, celle de Pierre au bord du lac de Tibériade, la secondaire, celle de Lazare à côté de la Ville sainte.

Ces « femmes de qualité » étaient souvent mariées à des notables, comme Jeanne, « épouse de Chouza intendant du roi Antipas », et d'autres encore qui « assistaient les disciples de leurs biens » (Luc VIII, 1-3). Plus que la quête publique, ce sont en effet ces bourgeoises qui alimentaient la caisse du groupe dont Judas était le trésorier. Cela n'a rien d'étonnant. Dans tout l'Empire romain, les femmes de milieu aisé jouissaient d'une large autonomie financière. Luc le souligne, le bon médecin avait d'ailleurs l'habitude de ce genre de situation, son « patron », l'apôtre Paul, que l'on dit pourtant si misogyne, tirera lui aussi la plus grande partie de ses ressources de contributions féminines.

Car on avait besoin de fonds pour ce travail

missionnaire. Jésus, lui, étant employé à plein temps, il lui fallait vivre. Il n'en éprouvait aucun complexe : « L'ouvrier a droit à son salaire », soulignait-il (Matthieu X,10).

Auditoires

Jésus s'adressait à tous, sans discrimination. La base la plus fidèle de ses auditoires était évidemment formée du bon peuple vivant sur les rives du lac, pêcheurs, artisans, paysans. Mais il ne dédaignait pas de dîner chez de riches notables. Il discutait ferme avec les scribes et les pharisiens dont, à certains égards, il était si proche. Parfois il croisait des Sadducéens ou des prêtres venus du Temple, auprès desquels il s'informait. Quant aux zélotes, ils l'écoutaient avec espoir et intérêt.

En somme, on retrouve dans ces auditoires tout le milieu contemporain dont nous avons fait plus haut la description.

Seuls les moines de Qumrān ne daignèrent pas se déplacer.

Après l'exécution de Jean Baptiste par Hérode-Antipas, de nombreux baptiseurs vinrent aussi écouter Jésus (certains autres, restés fidèles à la mémoire de leur maître, s'opposèrent à celui en qui ils voyaient un concurrent. On trouve la trace de ces polémiques dans les évangiles : Luc VII, 19). Jésus, lui, ne refusait personne; les enfants avaient le droit de l'écouter aussi bien que les vieillards

(Matthieu XVIII, 2); les simples gens tout autant que les docteurs de la Loi; d'ailleurs, Jésus avait une prédilection pour les simples dont il pensait être mieux compris que des sages : « Je te bénis, Père..., d'avoir caché cela aux sages et aux habiles, et de l'avoir révélé aux tout petits » (Matthieu XI, 25).

Des prostituées lui lavaient les pieds de leurs cheveux; même les païens *(goyim)* pouvaient l'approcher, par exemple les officiers romains de l'armée d'occupation. Jésus aimait à citer le proverbe hellénique : « Ce ne sont pas les gens bien portants qui ont besoin du médecin, mais les malades » (Marc II, 17).

L'autorité de Jésus

Ce qui frappe de prime abord les auditeurs, c'est que Jésus s'exprimait « avec autorité ». Bien sûr, il partageait avec les pharisiens l'interprétation morale des Écritures. Spontanément, les gens lui donnaient le titre qu'ils donnaient aussi aux docteurs de la Loi : « Rabbi-Maître ».

Jésus se comportait comme un bon Juif, citant l'Écriture, observant le sabbat et les coutumes (Luc IV, 16 sqq.). Il portait comme les pharisiens des franges à ses vêtements (Marc VI, 56), et il était invité à leur table (Luc VII, 36 et XI, 37). Bien des aspects du discours évangélique sont proches de la doctrine des pharisiens les plus progressistes. Ainsi Rabbi Hillel parle, lui aussi, de l'amour; et Rabbi Shammaï professe, comme Jésus, qu'en morale la conscience a plus d'importance que les gestes extérieurs.

Mais les pharisiens les plus audacieux eux-mêmes n'usaient pas d'autorité. Ils n'étaient que des interprètes de la Loi. Leur travail se limitait à cela : le Midrash pharisien est seulement une interprétation de la Thora.

Sur ce point fondamental, l'attitude de Jésus se situa dès l'origine à l'opposé : « Vous avez appris... eh bien, moi je vous dis » (Matthieu V, 21-22). Son attitude suscita immédiatement la contestation des docteurs : « De quel droit dis-tu cela? Qui t'a donné pouvoir? » (Marc XI, 28).

En un mot comme en cent, Jésus ne parle pas comme un rabbi; il parle comme un prophète qui se réclame de l'autorité même de Dieu; comme parlait Jean Baptiste : un prophète, très vite, c'est comme cela que la foule le ressent, un prophète « plus grand que le Baptiste » (Matthieu XI, 9 sqq.).

Le style de Jésus : paradoxes et paraboles

Le style, c'est l'homme. L'unité du style de Jésus est patente dans les quatre évangiles (à l'exception des discours chez Jean dont nous verrons plus loin qu'ils ne sont pas du Christ).

Le style de Jésus est incisif et lapidaire. Le discours n'est pas son genre. Il est évident, par exemple, que Jésus n'a pas prononcé d'un trait le « Sermon sur la montagne »; il s'est exprimé ici ou là, à des moments divers, et la prédication postérieure des chrétiens a regroupé ses paroles par thèmes, surtout Matthieu ou Luc.

Reste que ces paroles sont éblouissantes : Jésus a le génie de la formule choc. Par ailleurs, il aime poser des questions, à la manière de Socrate. Il pratique comme le philosophe grec la « maïeutique », art d'accoucher les esprits, que Socrate disait tenir de sa sage-femme de mère.

Rien n'est plus révélateur de cette méthode de Jésus que l'anecdote suivante : un légiste auquel Jésus avait rappelé le second commandement de la Loi, « aimer son prochain », lui demanda un jour, croyant l'embarrasser : « Et qui est mon prochain ? » (Luc X, 29 sqq.). Le légiste devait attendre de Jésus qu'il lui fournisse une liste de gens à aimer, et une de gens à éviter. Les pharisiens établissaient de telles distinctions. Mais le Christ lui raconte une histoire (seule exception à son laconisme coutumier : raconter de petites fables), l'histoire de l'homme qui descendait de Jérusalem à Jéricho. La pente est raide, la route peu sûre. L'homme est dépouillé par des brigands (le brigandage, plaie du monde méditerranéen) qui le laissent à demi mort sur le bord du chemin.

Citons : « Un prêtre d'aventure descendait, il vit l'homme, prit l'autre côté de la route et passa... Pareillement, un lévite survenant en ce lieu le vit, prit l'autre côté de la route et passa. »

On croirait lire un compte rendu moderne d'accident de la route. Notons que Jésus n'épargne guère les notables, prêtres et lévites.

Survient alors un Samaritain. Les Samaritains, nous l'avons vu, étaient méprisés par les Juifs (on dirait aujourd'hui un Maghrébin). Celui-là ne change pas de côté, prend le blessé sur sa monture (j'allais dire « dans sa voiture »), le conduit à l'hôtel, le fait soigner; mieux, il paie pour lui. Et Jésus de demander au légiste : « Lequel de ces trois, à ton avis, s'est montré le prochain de l'homme tombé entre les mains des brigands ? » Jésus vient de retourner la question à l'envoyeur!

Les petites histoires racontées par Jésus sont des *paraboles*. La parabole est une comparaison développée en historiette. Jésus l'indique lui-même : « A quoi puis-je comparer le Royaume des cieux ? » (Marc IV, 30.) C'est l'histoire entière qui doit être prise comme élément de comparaison; et, dans l'histoire, ce qu'on appelle la « pointe » de la parabole. Notion facile à comprendre : par exemple, dans les histoires drôles, il y a toujours une « pointe », une chute, et toute l'histoire a pour but d'amener à cette pointe-là ! Une parabole est une petite histoire qu'il faut considérer comme un tout. L'important en est la pointe. La parabole sert de terme à une comparaison.

Une parabole n'est pas une allégorie. Dans l'allégorie, tous les détails ont leur portée propre. Par exemple, si l'on interprète de façon allégorique la parabole du bon Samaritain, on dira : ce blessé sur le bord du chemin, c'est le genre humain abandonné ; le bon Samaritain, c'est le Messie qui passe, etc. Or Jésus ne fait jamais d'allégorie. Quand on trouve des allégories dans les évangiles, on peut être certain qu'il s'agit d'une interprétation des paroles de Jésus par la primitive Église (par exemple Marc VIII, 11-16).

La parabole est un genre littéraire courant dans la littérature juive, souvent employée par les pharisiens contemporains de Jésus. Mais Jésus se l'est tellement appropriée que, lorsqu'on dit « parabole », on pense tout de suite à lui. Il a porté ce procédé à un degré de perfection qui n'a jamais été dépassé depuis.

Pourquoi Jésus s'exprime-t-il ainsi ? Quand ses disciples le lui demandent (Matthieu XIII, 10), il leur explique qu'il utilise ce procédé pour se faire mieux comprendre ; avec les disciples, il peut au contraire dialoguer directement.

Jésus aime manier le paradoxe : affirmer une chose, puis aussitôt son contraire. Par exemple : « Soyez rusés comme le serpent et candides comme la colombe » (Matthieu X, 16). Il aime déconcerter.

Il sait que la pensée doit être dialectique, questionneuse, légère, corrigeant une affirmation (« rusés ») par une affirmation contraire (« candides ») ; et non pesante, idéologique, mutilante comme celle des clercs.

Il parle comme parlera Bonaparte, lançant

aphorisme sur aphorisme. Évidemment, il ne s'agit pas des mêmes, mais cette comparaison permet de comprendre ce qu'il y a d'allègre, de rapide, d'étincelant, dans le verbe de ce jeune maître en religion, comme dans celui du jeune général de l'armée d'Italie. On ne connaît pas le son de sa voix. Mais fallait bien qu'il eût une voix forte, capable d'être entendue par des centaines de personnes rassemblées. On peut la supposer aussi chaleureuse et prenante.

UNE RELIGION DU BONHEUR ET DE LA FRATERNITÉ

Avant tout, éclatent les « béatitudes » (Matthieu V, 3-10).

La religion du Christ est une religion du bonheur, et les gardes du Temple ont raison de s'exclamer : « Jamais homme n'a parlé comme cet homme ! »

Heureux, heureux, heureux...

« Heureux ceux qui ont un cœur de pauvre... ceux qui sont doux... ceux qui ont faim et soif de justice. »

Remarquons que le second terme de chaque béatitude est, au contraire du premier, d'un langage convenu : quand on parle de « posséder la terre », il s'agit évidemment d'une expression biblique et pour un Juif il s'agit de la Terre promise, *Eretz Israël.*

« Ils sont heureux ceux qui pardonnent... les cœurs purs... ceux qui font régner la paix... »

Et puis, toujours, le paradoxe : malgré les apparences, ce ne sont pas les persécuteurs et les puissants qui sont heureux mais, au contraire, « les affligés... les persécutés pour la justice » !

Les béatitudes illuminent l'histoire religieuse de l'humanité, si souvent sombre et maléfique, et résonnent comme un hymne d'allégresse, de joie et de liberté. On songe invinciblement à François d'Assise, le disciple le plus accompli que Jésus ait eu, Nietzsche disait « le seul ».

Cette religion du bonheur est aussi celle de la fraternité. Et ce n'est pas sans raison que les chrétiens s'appelaient entre eux « frères » et « sœurs » (comme les communistes s'appelaient « camarades ») : ils se souvenaient des paroles de Jésus : « Ne vous faites pas appeler " Rabbi Maître ", car vous êtes tous frères. N'appelez personne " Père " [à l'exception de Dieu]... N'appelez personne " Docteur "... » (Matthieu XXIII, 8-10). Ou ailleurs : « Vous le savez, chez les païens, les grands font sentir leur pouvoir et les chefs leur domination, chez vous, il n'en sera pas ainsi. Celui qui veut être le chef doit devenir le serviteur de tous... Le chef est fait pour servir et non pour être servi » (Marc X, 41-55).

Cependant, cette fraternité, ce bonheur ont des exigences. Un jour, un jeune homme demanda au Christ : « Bon Maître, que dois-je faire pour avoir la vie ? » Jésus lui dit : « Pourquoi m'appelles-tu bon ? Nul n'est bon que Dieu seul ! » (Marc X, 17-22.) Ainsi Jésus se distinguait-il nettement de Dieu !

Quand on connaît la foi de l'Église primitive, rédactrice du texte, en la divinité du Christ, on ne peut que s'émerveiller de voir les rédacteurs ultérieurs à ce point respectueux de ces paroles du Christ – gênantes pour eux – qu'on ne doute pas que ce sont là des *ipsissima verba* aussi attestées que par l'usage d'un magnétophone. Et Jésus de dire au jeune homme de respecter les commandements de Moïse. A la réponse que le jeune homme s'y efforçait : « Jésus fixa sur lui son regard et se prit à l'aimer », puis il lui dit : « " Il te manque encore une chose. Va. Vends ce que tu as, donne-le aux pauvres, puis viens et suis-moi. " Mais le jeune homme devint sombre à cette parole, car il avait de grands biens. »

Ce qui entraîne l'exclamation de Jésus devant ses disciples, provocatrice et paradoxale : « Il est plus facile à un chameau de passer par le trou d'une aiguille qu'à un riche d'entrer dans le Royaume des cieux ! » (Marc X, 25).

L'ANNONCE DU ROYAUME

Jésus vivait avec intensité l'espérance que les temps s'accompliraient.

S'est-il trompé ou non?

Pour Albert Schweitzer, Jésus s'est trompé en annonçant une catastrophe imminente qui ne s'est pas réalisée [1]. De fait, on trouve dans les évangiles des expressions d'un genre littéraire qui nous est devenu incompréhensible : l'*eschatologie*. « Le soleil s'obscurcira, la lune ne donnera plus sa clarté, les astres se mettront à tomber du ciel et les puissances des cieux seront ébranlées » (Marc XIII, 24).

Ce sont là des expressions convenues, empruntées à l'Écriture, des lieux communs de la littérature prophétique (cf. Isaïe XIII, 10; Ézéchiel XXXII, 7; Amos VIII, 9, etc.).

Nous retrouvons ce genre littéraire dans le Nouveau Testament avec le livre de l'Apocalypse attribué à Jean.

Ces images de cataclysmes ne sont pas à prendre au pied de la lettre. Les prophètes, d'ailleurs, ne s'y trompaient pas. Ils traduisaient en ces termes stéréotypés à la fois la conscience qu'ils avaient des tragédies permanentes de l'histoire d'Israël et l'espérance qu'ils gardaient en la victoire finale du peuple élu, à la suite d'une sorte de « grand soir ». Sur ce point, l'idéologie révolutionnaire, du XIXe siècle à la révolution de 1917, est eschatologique!

Mais la prédiction d'événements précis ne fait nullement partie du genre apocalyptique. Si l'on croit que les apocalypses de l'Ancien ou du Nouveau Testament prédisent de tels faits, on se rend coupable d'un contresens dangereux qui

1. *Le Secret historique de la vie de Jésus*, Albin Michel, 1961.

peut produire des délires dignes de Nostradamus.

Je pense donc, au contraire de Schweitzer, que Jésus ne s'est pas trompé. Jésus aurait par exemple prédit la chute du Temple de Jérusalem ; mais il est trop évident que ces paroles ont été mises dans sa bouche par les communautés chrétiennes rédactrices qui produisaient les textes, dans leur dernier état, après l'an 70, date où effectivement les Romains détruisirent le Temple de Jérusalem : il est toujours plus facile de prédire l'avenir lorsqu'il s'est déjà accompli.

A mon avis, Jésus, comme les autres prophètes, a simplement utilisé le matériel apocalyptique qu'il trouvait dans la tradition. Son enseignement moral, qui suppose le déroulement régulier des jours, serait incompréhensible s'il avait pensé que la fin des temps était arrivée ! Voilà, me semble-t-il, un argument définitif. Reste que Jésus, homme de l'allégresse, n'ignorait pas les tragédies de l'Histoire : le matériel apocalyptique était disponible pour lui permettre de les exprimer lucidement.

Mais ces images ont vieilli ; elles qui trouvaient un écho chez les contemporains de Jésus ne nous touchent plus – à l'exception des commerçants du surnaturel et de l'astrologie. (A ce propos, il est toujours surprenant de voir, dans les dîners en ville, des athées convaincus s'aborder en se demandant l'un l'autre sous quel signe du zodiaque ils sont nés !)

Jésus n'a rien prédit, à l'exception de sa propre mort, laquelle devenait une éventualité de plus en plus probable pour n'importe quel observateur avisé, étant donné l'opposition que le Christ ne cessait de provoquer.

Ce sont les communautés de la primitive Église, rédactrices des évangiles, qui se sont trompées, car elles croyaient, pour leur part, à l'imminence de la fin du monde. Mais le monde a continué d'exister, permettant à Michel Ange d'imaginer, des siècles plus tard, le dôme glorieux de Saint-Pierre-de-Rome.

Jésus, lui, annonçait le Royaume.

Que voulait-il dire par là ?

Jésus n'annonce pas le salut, notion chrétienne élaborée après sa mort, il annonce le règne de Dieu.

Dieu vient. Mais il ne vient pas au milieu de cataclysmes, il vient dans le quotidien de la vie, dès maintenant, pour chaque homme ou femme. Les images eschatologiques servent seulement à illustrer l'*urgence* qu'il y a à l'accueillir ! Pour décrire cette venue de Dieu, Jésus utilise des comparaisons : « le grain de sénevé » qu'un homme a semé, « c'est la plus petite de toutes les graines, mais quand elle grandit, elle devient un grand arbre »... « Le levain qu'une femme a enfoui dans trois mesures de farine jusqu'à ce que le tout ait levé » (Matthieu XIII, 31-33)... « le trésor caché »... « la perle précieuse », etc.

Jésus veut dire que le Royaume qu'il annonce est *déjà présent* au cœur du monde, discrètement, comme la perle ou le trésor cachés, comme une petite semence, comme du levain. L'image du levain est la plus efficace : le levain est presque invisible et pourtant grâce à lui la pâte (humaine) lèvera!

Pour que le Royaume réussisse, il faut que les hommes le veuillent. Si la graine tombe sur la mauvaise terre, elle sèche... Sur la bonne terre, au contraire, elle rend cent pour un (parabole du semeur, Matthieu XIII, 3-10). Autrement dit, la parole a besoin d'être reçue.

Il y a des échecs possibles. Au milieu du blé pousse l'ivraie, mais il faut se garder d'arracher la mauvaise herbe prématurément. « Veux-tu que nous arrachions l'ivraie? » demandent les serviteurs de la parabole « Le bon grain et l'ivraie » (Matthieu XIII, 24-30). Non, répond le maître : « Vous risqueriez en ramassant l'ivraie d'arracher en même temps le blé. Laissez-les grandir ensemble jusqu'à la moisson. »

Forte parole. Le Bien et le Mal sont emmêlés; ici-bas, rien n'est parfaitement « bon » ni totalement « mauvais ». Les réussites ne sont que partielles. Ceux qui rêvent à une Église des purs, qui veulent absolument arracher l'ivraie, se trompent. Cette histoire scandalise tellement les disciples que les communautés chrétiennes, rédactrices des textes, se croient obligées d'en donner une interprétation allégorisante, manifestement étrangère à Jésus : « L'ivraie, ce sont les fils du mauvais, l'ennemi, c'est le diable, etc. » (Matthieu XIII, 37-43). De même, les filets jetés par les pêcheurs remontent bons et mauvais poissons.

Tout le monde est appelé dans ce Royaume. Ce qui compte n'est pas l'apparence extérieure, mais la réponse du cœur, comme le raconte si bien la belle parabole des deux fils (Matthieu XXI, 28-31) : « Un homme avait deux fils. S'adressant au premier, il dit : " Mon enfant, va travailler à ma vigne. – Je ne veux pas ", répondit celui-là; mais, plus tard, pris de remords, il y alla. S'adressant au second, il dit la même chose. L'autre répondit : " Entendu ", mais il n'y alla pas.

« Lequel des deux fils a fait la volonté du père ? »

Aux « noces » du Royaume, tout le monde est invité. Mais, en général, les notables ont mille autres occupations et se font excuser. Le roi qui célèbre les noces de son fils est donc obligé d'envoyer ses serviteurs à tous les carrefours pour inviter les clochards (Matthieu XXII, 1-11).

« *Le Royaume est au-dedans de nous.* » Cette maxime représente en définitive la pointe de l'enseignement de Jésus sur le Royaume.

Les pharisiens lui ayant demandé quand viendrait le Royaume de Dieu, il leur répondit : « Le Royaume ne saurait être épié. Il est impossible de dire : il est ici ou il est là. Car le Royaume est au-dedans de vous » (Luc XVII, 20-21). Affirmation révolutionnaire, bien éloignée des délires eschatologiques. Dans ces conditions, il est évident que l'avènement du Royaume n'est pas repoussé à la fin des temps;

il est déjà là, dans le cœur des hommes de bonne volonté. A l'évidence aussi, ce Royaume secret n'a aucun rapport avec le royaume politique qu'espéraient les zélotes!

Plus tard, Jésus l'expliquera avec patience à un païen, le préfet romain Ponce Pilate : « Mon Royaume n'est pas de ce monde. S'il était de ce monde, mes gens auraient combattu pour que je ne fusse pas livré » (Jean XVIII, 36-38).

Jésus ne veut pas dire que le Royaume n'est pas dans le monde. Il y est bel et bien : les comparaisons du levain et du grain de sénevé le rappellent. Mais il n'est pas du monde que représente le préfet de Rome : celui de la politique et du pouvoir. Jésus insiste et dit à Pilate : « Je suis venu pour rendre témoignage à la vérité » – ce qui entraîne la fameuse réplique du gouverneur, tellement en situation, traduisant avec tant d'exactitude la mentalité hellénistique sceptique et tolérante de ce temps-là, qu'il ne peut s'agir que d'*ipsissima verba*. Pilate lui répond en effet : « Qu'est-ce que la vérité ? » C'est toute la question!

Le judaïsme en son sommet

Jésus est profondément juif, plein d'amour pour son peuple, inséré dans la tradition des Prophètes et dans l'histoire d'Israël. Il connaît l'Écriture par cœur. C'est l'accomplissement le plus réussi, l'ultime potentialité du judaïsme, comme Socrate accomplissait l'hellénisme athénien, dans une sorte de dépassement !

Le paradoxe est dur à supporter pour les croyants conservateurs. Il ne faut pas chercher ailleurs le drame qui va se nouer entre Jésus et les autorités juives, le même qui s'était noué, quatre siècles plus tôt, à Athènes, entre Socrate et les autorités de la Cité.

S'il est moins banal qu'on le pense de rappeler la judéité de Jésus, il faut ajouter qu'il était encore plus juif qu'on le croit.

Prophète, dans la ligne des prophètes de la Bible et qui se voulait tel, rabbi, extérieurement semblable aux pharisiens qui à cette époque prenaient comme lui la parole dans les synagogues de Palestine, il exprime des aphorismes dont les plus originaux relèvent de la littérature biblique. Nous l'avons dit, quand il parle de la « Terre », il s'appuie sur le sens messianique que ce mot avait pour les docteurs de la Loi. Mais en même temps Jésus dépasse la religion de son peuple, sa religion. Sa prédication est, à mon avis, l'aspect le plus novateur du judaïsme.

L'amour de la Création

Jésus qui avec les béatitudes nous apprend le secret du bonheur, se présente évidemment comme un homme qui aime les choses, les animaux et les paysages.

Zoroastre et Mani, porteurs du génie iranien,

en concevant un dieu du Mal opposé au dieu du Bien, sont inévitablement conduits à assimiler le monde, avec ses imperfections au mal, et par là à détester la vie. Rien de tel chez l'auteur de la parabole du bon grain et de l'ivraie. La transcendance absolue de l'islam conduit son prophète à reporter en paradis le goût du vin. Jésus, au contraire, aime le bon vin des noces de Cana : « Toi, tu as gardé le bon vin jusqu'à maintenant », lui fait remarquer le maître d'hôtel (Jean II, 10), et les disciples intégristes de Jean Baptiste (qui avait été un ascète ne buvant pas de vin) traitent Jésus de « glouton et d'ivrogne » (Matthieu XI, 19).

Jésus aime « les oiseaux du ciel » et s'émerveille devant les lis des champs : « Je vous le dis : Salomon dans toute sa gloire n'a pas été vêtu comme l'un d'eux » (Matthieu VI, 26-30). Là encore on pense inévitablement à François d'Assise admirant les oiseaux et les fleurs de la belle Ombrie.

Les femmes

Nous avons noté que les femmes font dès l'origine partie intégrante du groupe de Jésus, qu'elles subventionnent de leurs biens. L'attitude de Jésus envers les femmes est très originale par rapport à celle de ses contemporains. Un jour, on lui amène une femme soupçonnée d'adultère (Jean VIII, 1-11). Cet épisode n'a rien perdu de son actualité, que ce soit dans le monde de l'islam ou dans celui de l'hindouisme.

Une femme soupçonnée à tort ou à raison, une loi, des bien-pensants et une autorité religieuse : la scène se passe à Jérusalem, sur le parvis du Temple. Les docteurs de la Loi veulent tendre un piège à Jésus. La Loi prescrivait la lapidation des femmes adultères (c'est toujours aujourd'hui une prescription de la loi musulmane : la *charia*). Eût-il acquiescé à l'application de la Thora que le Christ se fût mis en contradiction avec les principes que le célèbre rabbi professait en matière de pardon. Eût-il refusé de l'appliquer qu'il se fût mis en contradiction avec la Loi !

Or le Maître va surprendre les docteurs.

Il ne regarde pas la femme pour ne pas la gêner. Il ne répond pas immédiatement. Il s'assoit et se met à écrire avec un doigt sur le sable du parvis. Le silence se fait. Le suspens s'installe. Jésus a repris l'initiative du débat. Il se redresse alors, regarde les bien-pensants et leur dit : « Que celui d'entre vous qui n'a jamais péché envoie la première pierre. »

Alors, assis de nouveau, il se remet à écrire sur le sol.

Les pharisiens en sont médusés : aucun d'entre eux n'oserait se proclamer sans péché dans l'enceinte sacrée du Temple ! Ils jugent plus prudent de se retirer discrètement, « à commencer par les plus vieux », note l'évangéliste, bon observateur.

Comme la suite ne présente plus d'intérêt pour eux, les badauds se retirent aussi, et Jésus se retrouve seul avec la femme et quelques disciples. Maintenant qu'il ne risque plus de la gêner, il la regarde et lui dit : « Femme, où sont-ils donc ? Personne ne t'a condamnée ? » (Remarquons l'ironie et la tendresse du Maître.) « Personne », répond la femme.

Un prophète, un pur et une femme adultère se font face.

Que va-t-il se passer ? Anathème ? Sermon ?

Nullement. Jésus dit seulement à la femme : « Moi non plus, je ne te condamne pas. Va, et désormais ne pèche plus. »

Ce « je ne te condamne pas » constitue non seulement le sommet du judaïsme, mais à coup sûr celui de l'histoire des religions. (Dans une situation semblable, qu'aurait fait Mahomet ? Que font les mollahs ?)

Cette scène est une « chose vue » par excellence. Elle est tellement belle, elle nous en apprend tellement sur le Christ que, si j'étais contraint de ne garder qu'un seul extrait des évangiles, je choisirais celui-là, qui place Jésus très au-dessus des autres génies religieux de l'humanité.

Nos textes fourmillent pourtant de très beaux passages sur Jésus et les femmes. Ainsi celui de la courtisane essuyant les pieds du Christ avec ses cheveux, au grand scandale du pharisien qui l'avait invité à dîner (Luc VII, 36-49) : « Si cet homme, pense le pharisien, était un prophète, il saurait quelle est cette femme : une pécheresse. » Alors Jésus raconte à son hôte l'histoire de deux créanciers dont l'un devait beaucoup et l'autre peu. Le pharisien est bien obligé de reconnaître qu'en cas de remise de la dette, le créancier le plus endetté se devrait de montrer le plus de reconnaissance. Et Jésus de conclure : « C'est le cas de cette femme... Ses nombreux péchés lui sont pardonnés parce qu'elle montre beaucoup d'amour » – puis, aggravant son cas, il ajoute cet aphorisme à destination de l'hôte offusqué : « Mais à ceux qui aiment peu, on pardonne peu. »

Un autre jour, à ses disciples lui faisant remarquer que la loi juive permet la répudiation, il répond : « Moïse a permis cela à cause de la dureté de votre cœur. En réalité, l'homme et la femme deviennent, par le mariage, une seule chair » (un curé aurait dit « une seule âme »). « La répudiation est donc inadmissible ! » (Matthieu XIX, 6-8). Ces paroles font grommeler les disciples : « Si telle est la condition de l'homme avec la femme, disent-ils, il n'y a plus aucun intérêt à se marier » (Matthieu XIX, 10).

Jésus noua des liens d'amitié avec quelques femmes. La plus connue, à juste titre, est Marie-Madeleine, sœur de Marthe et de Lazare, qui « avait choisi la meilleure part » parce qu'elle buvait les paroles du Maître, laissant à Marthe « les multiples soins du service » (Luc X, 38-42). « Femme de qualité », Marie-Madeleine, si elle sut également verser du parfum sur les pieds de Jésus, n'a aucun rapport avec la courtisane qui fit le même geste chez le pharisien. Marie osa dire au Christ, quand son frère fut considéré comme mort : « Maître, si tu avais été là, mon frère ne serait pas mort ! » (Jean XI, 32).

Jean nous décrit en termes intimistes sa rencontre avec Jésus, un jour, dans un jardin illuminé par la lumière de Pâques. Jésus l'appelle par son prénom, « Marie », et elle lui répond « Rabbouni » (Jean XI, 32), « mon maître à moi », en araméen.

Jésus n'exclut aucune femme de sa sollicitude, même les prostituées. Aux pharisiens et aux dévots, il ose lancer cette phrase, terrible dans le contexte de l'époque : « Les prostituées vous précéderont dans le Royaume des cieux » (Matthieu XXI, 31).

En vérité, il n'est pas exagéré de constater que ce prophète célibataire fut le premier homme féministe apparu dans le monde. Sur ce plan, il se distingue des autres génies religieux de l'humanité, sans exception.

Le mépris ou le pardon

Dans le royaume de Jésus, on est seulement jugé sur l'amour. La phrase « Quiconque aime connaît Dieu, qui n'aime pas n'a pas connu Dieu. Car Dieu est Amour », quoique écrite par l'auteur de l'épître de Jean (Première lettre de Jean IV, 7), pourrait bien être une de ces *ipsissima verba* de Jésus, que l'on trouve, comme des perles précieuses, ailleurs que dans les évangiles, tout au long du *Nouveau Testament*. De même cette autre de la lettre citée : « Si quelqu'un dit : j'aime Dieu et qu'il déteste son frère, c'est un menteur : qui n'aime pas son frère qu'il voit, ne saurait aimer Dieu qu'il ne voit pas ! » (Première lettre de Jean IV, 20) : le rythme, le style de Jésus, sont là !

Dans la parabole du Jugement dernier, les justes aussi bien que les méchants sont étonnés : « Quand donc, Seigneur, t'avons-nous rencontré ? » et la réponse fuse, sublime : « Ce que vous avez fait au plus petit de mes frères [en bien ou en mal] c'est à moi que vous l'avez fait ! » (Matthieu XXV, 31-46.)

Si, dans Matthieu, on ne trouve pas les mots de Jean, « Dieu est Amour », l'idée y est bien, elle remonte certainement à Jésus lui-même. Pour cette raison, le commandement essentiel que le Christ institue, au-delà des « dix commandements » de la loi de Moïse, est celui du pardon. Il sait bien que sans pardon la pratique de l'amour est impossible. Il parle du pardon en toute occasion, le mettant même au-dessus de la liturgie. « Quand donc tu présentes ton offrande à l'autel, si tu te souviens que ton frère a un grief contre toi » (admirons le retournement ; non pas : si tu te souviens d'avoir un grief contre ton frère, mais le contraire : si ton frère a un grief contre toi !), « laisse là ton offrande devant l'autel ». (Acte sacrilège aux yeux des prêtres !) « Et va d'abord te réconcilier avec ton frère » (Matthieu V, 23-25).

Jésus glisse le pardon au cœur de la prière qu'il enseigne à ses disciples – « Pardonne-nous comme nous pardonnons » – et ne craint pas de scandaliser les docteurs en déclarant au paralytique, allongé sur sa civière : « Tes péchés te sont pardonnés » (Marc II, 5).

A l'inverse, le plus grand péché, à ses yeux, le seul qui peut-être soit impardonnable, « le péché contre l'esprit », est le mépris des autres; mépris qu'il décrit avec tant de talent dans la parabole du pharisien et du publicain, dans laquelle on voit le pharisien se féliciter hautement en désignant le publicain de n'être pas « comme cet homme-là » (Luc XVIII, 11).

La gratuité

Pour le Christ, on ne mérite pas le Royaume des cieux.

Dans le Royaume qu'il instaure, les « ouvriers de la onzième heure » sont payés autant que ceux qui ont supporté la chaleur de la journée, et à l'indignation légitime de ces derniers le maître de la vigne répond : « Faut-il donc que vous soyez jaloux, parce que je suis bon ! » (Matthieu XX, 15). De même, le fils aîné de la parabole de l'enfant prodigue se scandalise devant l'accueil réservé au fils fugueur et dit à son père : « Voici tant d'années que je te sers et jamais tu n'as fait de fête pour moi; et puis ton fils que voilà [quel mépris dans ces mots] revient-il après avoir dévoré ton bien avec des filles, et tu fais tuer pour lui le veau gras ! » (Luc XV, 29-30).

Jésus nous livre là un enseignement sublime. On ne mérite pas l'amour ! On peut mériter la reconnaissance. Don Quichotte en combattant les moulins de la Manche a certainement droit à la reconnaissance de Dulcinée; il ne saurait prétendre à son amour! L'amante accorde son amour à qui elle veut. L'amour est gratuit. Il ne dépend ni des actions ni des mérites de l'aimé. Comme le dira Paul, peut-être citant aussi une *logia* du Christ, « l'amour excuse tout, espère tout, supporte tout » (Première lettre aux Corinthiens XIII, 7).

Dieu n'aime ni ne veut être aimé comme un comptable.

Le Dieu de Jésus

Le Dieu de Jésus est évidemment, cela va sans dire, le « Dieu d'Abraham, d'Isaac et de Jacob », le Dieu d'Israël.

Comme les prophètes qui l'ont précédé, Jésus adhère sans réserve au monothéisme exigeant des juifs. Comme il est de coutume dans le judaïsme, il se garde bien de prononcer le nom de *Yahveh* et use à son sujet des périphrases consacrées : « le Seigneur Elohim, les nuées », etc. Mais Jésus est aussi l'héritier de tout le travail d'affinement des Prophètes qui transforma Yahveh du Maître sévère de Moïse en l'Amant séducteur de Jérémie (Jérémie XX, 7).

Lui va donner à Yahveh un nom qu'il n'a pas inventé, mais qui, comme les paraboles, semble venir de lui en propre : celui de Père.

Un soir que Jésus priait, ses disciples lui demandèrent, lorsqu'il eut terminé, de leur apprendre à prier. Il leur répondit : « Quand vous priez, dites “ Notre Père ”, etc. (Luc XI, 1-2).

Cet apport de Jésus est essentiel, François Mauriac l'a bien compris quand il écrit dans sa *Vie de Jésus*[1] : « Si le Christ n'avait pas dit “ Notre Père ”, je n'eusse jamais eu de moi-même le sentiment de cette filiation. » Le Père dont Jésus nous parle se soucie des hommes : « Vos cheveux mêmes sont comptés » (Matthieu X, 30). Il voit dans le secret des cœurs et c'est dans le secret qu'il faut prier : « Retire-toi dans ta chambre, ferme sur toi la porte et prie ton Père qui est là, dans le secret » (Matthieu VI, 6).

Il est miséricordieux, oubliant les quatre-vingt-dix-neuf brebis fidèles pour récupérer la brebis perdue (Luc XV, 4-7).

Jésus a dépeint ce Père en termes inoubliables dans la justement célèbre parabole de l'enfant prodigue (Luc XV, 11-33), qui mériterait bien davantage le titre de parabole du « Père miséricordieux ». Le second plus beau texte des évangiles, à mon avis, après celui de la femme adultère. C'est un portrait, non pas du fils prodigue qui exige sa part d'héritage pour faire la noce, mais du Père selon Jésus. On a l'impression, en lisant ce texte, que le père n'aime pas le fils fugueur. En effet, il ne le retient pas et il ne lui fait pas la morale. Mais, à son retour, la joie du père scandalise, nous l'avons souligné, le fils resté fidèle :

1. Flammarion, 1936.

« Mon fils que voilà était mort, il est retourné à la vie, il était perdu, le voici retrouvé. »

Extraordinaire description d'un Dieu discret, qui laisse sa place à la liberté, même mauvaise, de l'homme, et dont la joie n'éclate que dans la connivence retrouvée!

Cette description rejoint tout à fait celle que l'on fait de Dieu dans le livre de l'Apocalypse : « Je me tiens à la porte et je frappe quiconque ouvre la porte, j'entre chez lui et je dîne avec lui » (Apocalypse III, 20). Peut-être ici encore une *logia* de Jésus.

Ce père de la parabole, il faut enfin reconnaître qu'il est le Père de Jésus à un titre tout à fait particulier. Il y a là une donnée irrécusable du fond christique, bien antérieure aux interprétations de la primitive Église. Ce père est *son* Père à un titre spécial. C'est son Père qui l'a envoyé; qu'il retrouve dans la prière; dont il fait la volonté.

Certes, tout grand spirituel pourrait s'exprimer ainsi, mais il est indéniable que Jésus avait conscience d'avoir avec son Père une relation singulière.

III

La rupture

Du Prophète au Messie

Rabbi non conformiste, prophète plein d'autorité, Jésus, en même temps qu'il annonce l'urgence du Royaume, découvre progressivement sa mission. Il en vient à assumer le messianisme de ses contemporains. Certes, avec beaucoup de précautions et en se démarquant sans cesse des demandes trop politiques des disciples et de la foule (nous avons déjà évoqué cette attitude de discrétion qu'on appelle le « secret messianique »), mais sans ambiguïté.

Les gens sentent très clairement que Jésus est plus qu'un rabbin, qu'il est autre chose qu'un prophète à la manière de Jean Baptiste. Ils se posent à son sujet cette question que l'on trouve souvent dans nos textes : « Qui est cet homme ? » (Marc IV, 41), le mot de « Messie » étant la réponse qui leur vient naturellement sur les lèvres.

Jésus connaît les équivoques contenues dans

cette définition. Il commence donc par se dérober (secret messianique) mais, implicitement, il se conduit avec l'autorité du Messie.

Deux fois même, dans l'intimité, il en assume pleinement le titre.

– Avec la Samaritaine, femme hérétique à laquelle, fatigué du chemin, il avait demandé à boire, assis sur la margelle du puits dans lequel elle venait puiser l'eau; il avait découvert en elle, cette pécheresse aux cinq maris – « et l'homme que tu as maintenant n'est pas ton mari » –, un cœur si pur qu'à sa profession de foi : « Je sais que le Messie, celui qu'on nomme le Christ, doit venir », il n'avait pu se retenir d'avouer : « Je le suis, moi qui te parle » (Jean IV, 5-27).

– Avec ses disciples, qu'il interroge : « Qui suis-je au dire des gens ? » (Marc VIII, 24-31) et qui lui détaillent les diverses opinions ayant cours à son sujet : « Jean Baptiste revenu – le nouvel Élie – quelqu'un des prophètes... », il avait fini par poser la question décisive : « Et pour vous, qui suis-je ? » Prenant la parole au nom des douze, Simon-Pierre lui avait alors répondu : « Tu es le Christ. »

« Christ » est l'un des titres traditionnels du Messie. C'est une expression des Écritures qui signifie « le consacré », celui qui a été « oint » d'une onction d'huile, comme les Rois d'Israël. Ce titre indique clairement qu'on attend du Messie la « Royauté ».

« Christ », ce titre messianique deviendra comme le nom de famille de Jésus : « Jésus-

Christ », et donnera naissance au nom générique de ceux qui croiront en lui : « chrétiens ».

Le Fils de l'homme

Il n'est pas contestable que Jésus en vint à assumer le messianisme, fût-ce avec certaines restrictions mentales (le secret messianique). Cette prétention ne lui a pas été attribuée par la suite. Il ne s'agit pas d'une interprétation tardive de la primitive Église.

Le prouve précisément le titre, choisi par Jésus, pour manifester cette prétention : « Fils de l'homme ». C'est pourquoi Ph. Vielhauer, qui dénie toute idée messianique chez Jésus, a cru bon d'affirmer : « Les paroles relatives au " Fils de l'homme " ne proviennent pas du Jésus historique [1]. »

Cette position est intenable. Mon opinion et surtout celle des critiques les plus récents (P. Benoît, A. Feuillet, O. Cullmann, Ph. Borsch) sont exactement contraires. En choisissant un titre alors peu utilisé et même archaïque, Jésus a revendiqué une messianité mystérieuse, compatible, à cause de son obscurité même, avec l'immédiateté et la présence secrète du Royaume annoncé par ailleurs ; il n'y a pas de Royaume sans Roi ! Le Royaume de Jésus est spirituel, son Roi aussi.

Il faut savoir que le titre de « Fils de l'homme » ne signifiait absolument rien pour les

1. *Festschr für G. Dehn*, Neukirchen, 1957.

païens du monde hellénistique. Le fait que les communautés rédactrices l'aient gardé, malgré tout, nous assure qu'il vient de Jésus lui-même, d'autant que cette expression était déjà tombée en désuétude du vivant de Jésus.

Originale par rapport à l'époque contemporaine du Christ, originale par rapport au vocabulaire des Églises primitives, cette étrange expression se rattache à la prédication de Jésus en personne. Les assimilations, nombreuses, par le Christ de sa mission à celle du « Fils de l'homme » sont certainement des paroles authentiques (Marc II, 10; X, 45; Luc XIX, 10; Matthieu X, 23; XIII, 41, etc.).

Même les lecteurs peu familiers des évangiles se rendent compte que Jésus parle souvent de lui à la troisième personne, en se nommant « le Fils de l'homme ». Exemple : « Les oiseaux du ciel ont des nids, le Fils de l'homme n'a pas où reposer sa tête » (Matthieu VIII, 20).

Ces lecteurs croient alors qu'il s'agit d'une périphrase pour dire « homme ». Or c'est tout le contraire : il s'agit d'une expression sémitique, tirée du livre de Daniel : « Voici, venant sur les Nuées du Ciel, comme un fils de l'homme... auquel fut confié le Royaume » (Daniel VII, 13-14).

La citation montre avec clarté que « Fils de l'homme » est un titre de pouvoir messianique, en rapport avec le Royaume que Jésus annonçait par ailleurs; tout le confirme : les Nuées, le Ciel, lesquels dans l'Écriture sont toujours une manière de nommer Dieu.

Paradoxalement, nous le verrons, et quelle

que soit sa fortune ultérieure, c'est l'expression « fils de Dieu » qui avait à son époque le sens banal d'« homme »; à la rigueur d'« homme saint »!

La rupture avec la casherout

Dès les débuts de sa vie biblique, nous voyons Jésus disputer avec les prêtres du Temple, les docteurs de la Loi et les pharisiens.

C'est qu'en effet le Christ est amené à prendre de plus en plus de distance avec les règlements minutieux et les interdits édictés par les scribes. L'observance de cet ensemble de règles, qu'on appelle aujourd'hui la casherout, était déjà caractéristique du judaïsme au temps de Jésus. Marc, l'évangéliste, écrivant pour des Romains qui ne comprennent rien à cela, se voit obligé de le leur expliquer. « Les pharisiens, en effet, et le commun des Juifs ne mangent pas sans s'être lavé les bras jusqu'au coude, et ils ne mangent pas sans s'être aspergés d'eau, et il y a beaucoup d'autres pratiques qu'ils observent : lavage des coupes, cruches ou plats, etc. » (Marc VII, 1-5).

Les règles de pureté concernant les personnes sont les premières violées par Jésus. Pour les pharisiens, seuls les vrais croyants étaient purs, et encore à condition qu'ils fussent de stricte observance. Les *goyim* (païens) étaient impurs, mais aussi les simples gens que leur métier rendait incapables d'observer à la lettre les multiples prescriptions rituelles : les paysans, les marins-pêcheurs, sans parler des publicains ou des filles de joie. On ne devait ni accepter leur invitation, ni les recevoir chez soi, ni même entrer chez eux. Les prêtres qui conduiront Jésus devant le préfet romain Pilate, un *goy* évidemment, n'entreront pas chez lui : « Eux n'entrèrent pas dans le prétoire pour ne pas se souiller, constate Jean, ce fut Pilate qui sortit » (Jean XVIII, 28-29).

Les pharisiens ne sont pas contents quand Jésus accepte l'invitation de publicains ou « sans-loi » : « Pourquoi mange-t-il avec ces gens-là ? » (Marc II, 16) demandent-ils, obligeant le Christ à leur répondre : « Je ne suis pas venu appeler les justes, mais les pécheurs ! » (Marc II, 17).

Jésus ne fait pas de discrimination : il dîne chez le publicain, entre chez le centurion romain et se laisse essuyer les pieds par la prostituée.

Les rites de pureté concernant les aliments font sourire le Christ, il ne leur attache aucune importance. Il ne pratique pas, avant de manger, les rites de purification prescrits et n'oblige pas ses disciples à les pratiquer, s'attirant cette question des docteurs : « Pourquoi tes disciples prennent-ils leur repas avec des mains impures ? » (Marc VII, 1-2). Il ne mange pas casher.

Comme le *hallal* pour l'islam, la prohibition du porc, la nécessité d'égorger les animaux et de les vider de leur sang avant d'en consommer la viande sont exactement les mêmes en Israël et en Islam. L'hindouisme, issu pourtant d'une autre culture, confère lui aussi une importance extrême aux rites de pureté alimentaire. Jésus, au contraire, a décidé de manger n'importe quoi. Mieux, il prend à ce sujet la foule à témoin, ajoutant le scandale à la non-observance : « Écoutez-moi, vous tous, et comprenez-moi bien : il n'est rien d'extérieur à l'homme qui pénétrant en lui puisse le rende impur. Mais ce qui sort de l'homme, voilà ce qui le rend impur. »

Quand ils furent rentrés dans la maison, à l'écart de la foule, ses disciples, troublés, l'interrogèrent sur ce qu'il avait dit, et il insista : « Vous aussi, vous êtes à ce point sans intelligence ! Ne comprenez-vous pas que rien de ce qui pénètre du dehors dans l'homme ne peut le rendre impur, parce que cela ne pénètre pas dans le cœur, mais dans le ventre, puis s'en va aux lieux d'aisance ! »

« Ce qui sort de l'homme, voilà ce qui le rend impur. Car c'est du cœur de l'homme que sortent meurtres, cupidités, mépris, envies, méchancetés, diffamations..., ces mauvaises choses sortent du dedans de l'homme ; elles ne viennent pas de l'extérieur » (Marc VII, 14-23). Et l'évangéliste de souligner : « Ainsi, il déclarait purs *tous* les aliments. » Il y a là en effet un progrès radical en matière de religion : d'abord, comme le Paradis (le Royaume), l'Enfer est au-dedans de nous : ensuite, le formalisme est rejeté. Les rites de pureté alimentaire, générateurs de bonne conscience et d'hypocrisie, sont un carcan insupportable pour l'homme, et l'historien doit remercier Jésus d'en avoir montré l'inutilité : quelle liberté chez ce prophète ! Sa souveraine distance par rapport aux préjugés des siens est surprenante. Et l'on voit à quel point il est à mille lieues des élucubrations des moines de Qumrān, purs entre les purs !

Le sabbat

Dès ses débuts également, Jésus se heurte aux pharisiens à propos de l'observance du sabbat. Certes, le Christ se conforme au repos du septième jour, mais refuse de se laisser ligoter en même temps par les multiples prescriptions des scribes qui interdisent aux Juifs de lever ce jour-là le petit doigt, tombant ainsi dans le ridicule.

Les pharisiens protestent quand ils voient les disciples arracher des épis de blé et les manger le jour du sabbat : « Pourquoi font-ils le jour du sabbat ce qui n'est pas permis ? » (Marc II, 23-24). La question est d'importance.

Le sabbat était, est encore, l'institution la plus sacrée d'Israël, et son observance scrupuleuse était, est encore, impérative. Jésus conteste à de multiples reprises cette stricte observance qui conduit à des situations absurdes et à l'hypocrisie : « Lequel d'entre vous, si sa brebis vient à tomber dans un puits le jour du sabbat, hésitera à l'en retirer ? » (Matthieu XII, 11).

Jésus finit par assener aux docteurs de la Loi cette phrase définitive : « Le sabbat est fait pour l'homme et non l'homme pour le sabbat » – et il ajoute, prétention inouïe : « Le Fils de l'homme est maître du sabbat » (Marc II, 27-28).

Jésus ne nie pas l'utilité du « jour du Seigneur », du sabbat ; il le pratique, mais il le relativise, le transformant en « moyen » et lui déniant le rôle de « fin ». Là aussi, extraordinaire progrès de la pensée religieuse ! L'on pourrait, dans cette phrase libératrice de Jésus, remplacer le mot de sabbat par celui de n'importe quelle institution : la loi est faite pour l'homme et non l'homme pour la loi ; l'argent est fait pour l'homme et non l'homme pour l'argent, etc.

Les institutions, fussent-elles sacrées, sont nécessaires ; pour Jésus ce ne sont que des moyens.

Le Temple

Jésus conserve la même ligne de conduite en ce qui concerne le Temple de Jérusalem. Il y va souvent faire ses dévotions, mais il en pense ce que déjà en pensait le prophète Isaïe : « Cessez de m'apporter des offrandes inutiles, dit Yahveh, leur fumée m'est en horreur. Je hais vos fêtes et vos mains pleines de sang. Je suis rassasié des holocaustes de béliers et de la graisse des veaux. Le sacrifice qui me plaît est le suivant : secourir l'opprimé, être juste pour l'orphelin; rechercher le droit » (Isaïe I, 13-17).

La localisation du Temple de Salomon est pour lui secondaire, blasphème suprême qui sera retenu contre lui lors de son procès.

A la Samaritaine qui lui dit : nos pères ont adoré en Samarie et vous, vous dites que c'est à Jérusalem que l'on doit adorer, Jésus rétorque ces phrases importantes (par leur facture et leur style, certainement des *ipsissima verba*) : « Crois-moi, femme, l'heure est venue où ce n'est ni sur cette montagne de Samarie ni à Jérusalem que l'on devra adorer... Les vrais adorateurs adoreront le Père, en esprit et en vérité » (Jean IV, 20-23).

« En esprit et en vérité »... La religion « en esprit » s'oppose évidemment à celle qui préfère la lettre de la casherout à l'esprit du judaïsme.

L'anticléricalisme de Jésus

On comprend que les docteurs de la Loi comme les prêtres du Temple soient devenus les ennemis irréductibles de Jésus. Il le leur rend bien.

Entendons-nous : Jésus n'attaque pas des fonctions ou des individus ; en la personne des plus vertueux des juifs et des prêtres, il attaque le « cléricalisme », cette volonté de puissance que cachent le service du Temple (ou du Vatican) et la fonction de docteur de la Loi.

On peut à juste titre parler, à propos de Jésus, d'anticléricalisme ! Nous avons noté que, dans ses paraboles, prêtres et lévites avaient toujours le mauvais rôle. Jésus ne cesse de se moquer du clergé. Mieux : le premier portrait de *Tartuffe* n'est pas de Molière, mais de Jésus-Christ.

Ces hypocrites qui, « quand ils jeûnent, prennent une mine défaite » (et pan pour le ramadan !), qui « disent et ne font pas »..., qui « lient de pesants fardeaux et les mettent sur les épaules des gens mais se refusent eux-mêmes à les toucher du bout des doigts » (Matthieu XXIII, 2-4), (on dirait que Jésus a lu par avance les prescriptions des docteurs de la Curie romaine catholique sur la contraception !), « qui acquittent la dîme, mais négligent la justice, la miséricorde et la bonne foi... », « guides aveugles qui filtrent le moucheron et engloutissent le chameau » (Matthieu XXIII, 24).

Le cléricalisme a le don de mettre Jésus en colère. Car Jésus n'est pas seulement un doux. Quand il le faut, il s'exprime avec violence et nos textes ne cachent pas les colères du Christ. Comme ces colères étaient assez scandaleuses pour la sensibilité des communautés rédactrices, il est certain qu'on y entend la voix du

Maître lui-même : « Malheur à vous, scribes et pharisiens hypocrites. Vous ressemblez à des sépulcres blanchis. Au-dehors, ils ont belle apparence, mais, au-dedans, ils sont pleins de pourriture. Vous de même : au-dehors, vous offrez l'apparence de justes, mais au-dedans, vous êtes pleins d'iniquités. Serpents, engeances de vipères » (Matthieu XXIII, 27-29 et 32).

On comprend qu'en face du Christ l'opposition grandisse !

Les docteurs de la Loi, scribes et pharisiens, qui avaient apprécié son enseignement sur la religion du cœur et l'importance de la conscience, ne peuvent évidemment pas supporter qu'il ose relativiser l'obligation du sabbat et ridiculiser la casherout !

Les Sadducéens et les prêtres du Temple ne veulent pas entendre parler de cette religion « en esprit et en vérité » qui leur enlèverait tout pouvoir. Ils commencent donc à se concerter pour écarter le gêneur qui menace les bases mêmes du judaïsme orthodoxe tel qu'ils l'entendent et qui les plaisante devant le peuple.

En fait, Jésus ne conteste pas leur légitimité. C'est à bon droit que pour lui « ils occupent la chaire de Moïse » (Matthieu XXIII, 2), mais il conteste l'usage qu'ils en font. Le sain anticléricalisme, de même, ne conteste pas la légitimité ni l'utilité des clergés, il s'attaque aux abus de pouvoir des clercs !

Autour de Jésus ne restent que les simples : paysans, pêcheurs ; les exclus : femmes, hérétiques, *goyim* ; et surtout les résistants zélotes.

Jésus a-t-il voulu fonder une religion nouvelle ?

En rompant avec la casherout, Jésus ne pouvait ignorer qu'il rompait avec toute une tradition d'interprétation des règles de la conduite juive : la *Halakha*.

Mais voulait-il rompre avec Israël et fonder une nouvelle religion ? La réponse est difficile et probablement négative.

Pour le Christ, « le salut vient des Juifs » (Jean IV, 22). Il est envoyé « aux brebis perdues de la maison d'Israël » (Matthieu XV, 24).

Certes, nous l'avons souligné, il ne refuse pas les contacts avec les *goyim*, les païens, la Cananéenne (Matthieu XV, 22) ou l'officier romain (Matthieu VIII, 5), mais ces contacts restent rares et tous ses disciples, hommes ou femmes, sont des Juifs. Cependant, les théologiens chrétiens veulent voir, dans certaines initiatives du Christ, l'institution d'une nouvelle religion.

Les douze

En choisissant les douze qui seront sa garde rapprochée, puis plus tard, les soixante-douze autres disciples, en les envoyant prêcher le Royaume en son nom, Jésus ne fait qu'affirmer une autorité prophétique qui, en soi, n'implique aucune rupture avec Israël.

« Il en institua douze pour être ses compagnons et pour les envoyer prêcher » (Marc III, 13-15). Jésus consacre aux douze beaucoup de son temps, il leur fait des confidences, leur donne une formation poussée; mais en cela il ne se distingue pas des docteurs de la Loi qui eux aussi s'entouraient de disciples qu'ils formaient et envoyaient au-devant d'eux. C'est par le contenu de son enseignement que Jésus se distingue des docteurs.

Cependant, après la mort de Jésus, les douze se trouveront, de fait, les fondateurs et les autorités d'une religion de plus en plus distincte du judaïsme.

Il faudra une bonne dizaine d'années pour que la rupture soit évidente pour les judéo-chrétiens eux-mêmes. Et l'on n'est pas très sûr que, lorsqu'il les persécuta en l'an 67, l'empereur Néron fit clairement la distinction entre les Juifs et les Juifs dissidents (chrétiens).

Le baptême

Les disciples baptisèrent, du vivant de Jésus et sur son ordre. Mais ce n'était qu'un signe de repentir, largement utilisé par les groupes baptistes et repris de Jean le baptiseur. Ce rite n'avait nullement alors la signification d'une agrégation au Peuple de Dieu, que continuait à garder la circoncision comme signe de l'alliance par excellence.

Comme la plupart des Prophètes, Jésus rappelait que « la véritable circoncision est celle du cœur » (Jérémie IV, 4). Mais il faudra la lucidité de Paul et le courage de Pierre pour, bien des années après la mort du Christ, renoncer à imposer aux convertis, venus du paganisme, l'obligation de se faire circoncire. Ce qu'on nomme avec exagération le « Concile de Jérusalem » (Actes des Apôtres XV, 1-28) marque véritablement le début d'une religion nouvelle. Du vivant de Jésus, le baptême n'était nullement un signe de rupture avec Israël, ni d'universalisme.

C'est pourquoi les consignes finales prêtées au Christ par les évangiles sont, à coup sûr, des élaborations théologiques postérieures qui traduisent la foi des communautés chrétiennes rédactrices.

Jésus n'a certainement pas dit : « Allez : de toutes les nations faites disciples, les baptisant au nom du Père, du Fils et du Saint-Esprit » (Matthieu XXVIII, 19).

L'universalisme n'était qu'implicite dans les paroles qu'il prononça de son vivant, et d'ailleurs, quand il fut contraint de fuire à l'étranger, il se garda bien d'y prêcher.

Quant à la théologie de la Trinité, elle était inimaginable pour Jésus, même s'il avait conscience d'être en relation spéciale avec le Père et croyait comme Isaïe à l'effusion de l'Esprit (Luc IV, 18).

La Cène

Jésus a certainement, pendant sa vie, institué le « Repas fraternel » comme signe de rassemblement du groupe élargi de ses disciples [1].

Rappelons que c'est un comportement répandu, en dehors même du judaïsme (et sans évoquer *Le Banquet* de Platon). Cependant, il n'est pas niable (et c'est le seul emprunt qu'il leur fit) que Jésus emprunta aux Esséniens de Qumrân ce genre de repas de pain et de vin au cours duquel on lisait des psaumes. N'oublions pas que l'ensemble du peuple juif pratiquait le repas festif de la Pâque, comprenant le dialogue de la *Hagada* pascale, qui rappelle comment Israël se libéra de la servitude d'Égypte. Jésus donnera à son dernier repas pascal la signification d'un mémorial.

Dans la *Première Épître aux Corinthiens*, Paul nous présente, après la mort du Christ, le plus ancien témoignage connu sur le repas chrétien : « J'ai reçu ce qu'à mon tour je vous ai transmis : le Seigneur Jésus, la nuit où il fut livré, prit du pain et, après avoir rendu grâces, le rompit et dit : " Ceci est mon corps qui est pour vous. Faites ceci en mémoire de moi. " De même, après le repas, il prit la coupe de vin : " Cette coupe est la nouvelle alliance en mon sang. Toutes les fois que vous en boirez, faites-le en mémoire de moi. " (*Première Épître aux Corinthiens* XI, 23-26). De même, quelques

1. J. Jérémias, *La Dernière Cène*, Le Cerf, 1972.

jours après la mort du Christ, Luc nous montre les fidèles « assidus au partage du pain » (Actes II, 42).

Il n'est pas contestable qu'à la veille de sa mort Jésus ait voulu franchir un degré de plus.

Ce repas fraternel que le groupe pratiquait avec lui depuis longtemps devient, dans le contexte de la Pâque juive, un repas-mémorial. Il le lègue à ceux qui lui survivront comme *le* signe de sa présence maintenue au milieu d'eux.

Les mots essentiels sont ici ceux de « nouvelle alliance ». Contrairement au commandement de baptiser « au nom du Père et du Fils et du Saint-Esprit », il est certain que ces mots sont ceux de Jésus lui-même. Il aurait donc, à la veille de sa mort, effectué un pas décisif. Reste que l'espérance de la « nouvelle alliance » était une espérance messianique qui n'impliquait pas, de soi, la rupture avec Israël et la fondation d'une nouvelle religion.

En somme, il ne semble pas que Jésus ait voulu fonder une autre religion. Et le titre que lui accorde Charles Harold Dodd, *Fondateur du christianisme* [1], semble quelque peu anachronique si l'on se réfère à la conscience historique de l'homme Jésus, fidèle jusqu'au bout à Israël.

Par contre, Jésus est indiscutablement l'« origine du christianisme ».

Qu'il l'ait explicitement voulu est une autre affaire.

1. Seuil, 1972.

Jésus fut avant tout un grand réformateur juif. Ne le comparons pas pour autant à Luther et Calvin; grand réformateur, il le fut comme eux (plus qu'eux, car Luther et Calvin voulaient seulement en revenir à lui). Si Jésus dépassa les prophètes et les sages d'Israël qui l'avaient précédé, il avait horreur du schisme (sans mépriser les schismatiques). Il n'a certainement pas voulu déchirer son peuple.

Cependant, il avait pris tant de distance avec la *Halakha* (l'interprétation) traditionnelle, avec le sabbat, avec la casherout, avec les chefs légitimes (les prêtres) ou spirituels (les pharisiens) du peuple que les autorités pouvaient difficilement continuer à tolérer son action. Il le savait. Il avait aussi conscience d'être l'instrument d'un prodigieux renouvellement du judaïsme qui impliquait, d'une certaine manière, le renoncement à des formes anciennes et vénérables.

Une parole prononcée sans aucun doute par lui, une *logia*, en fait foi : « Personne ne met du vin nouveau dans de vieilles outres, autrement le vin fera éclater les outres et sera perdu, aussi bien que les outres. A vin nouveau, outres neuves » (Marc II, 22).

On touche là au problème des paroxysmes : l'homme ou la femme qui incarne le paroxysme, le sommet d'une culture, se voit en même temps, nous l'avons déjà dit, entraîné à une sorte de dépassement, et par là entre en conflit avec les autorités constituées, effrayées par trop d'audace; ce fut à des époques différentes le drame de l'Athénien Socrate, de la Lorraine Jeanne ou du Galiléen Jésus.

Jésus a porté le judaïsme à l'incandescence.

Le Christ n'a nullement contesté la légitimité ou l'« élection » du judaïsme, il en a pressenti la relativité !

Il était fatal qu'il fût condamné.

Mais d'autres prophètes juifs l'avaient été avant lui, sans faire éclater le judaïsme.

Il n'était pas inévitable qu'en voulant annoncer la « bonne nouvelle » les disciples de Jésus sortissent du judaïsme officiel. Après tout, à cette époque-là, le judaïsme pratiquait encore le prosélytisme, on a oublié ce fait incontestable. Par la circoncision, le judaïsme d'alors s'incorporait sans cesse des néophytes venus d'autres peuples ; on les appelait les « craignant Dieu » et l'on en retrouve jusque dans les évangiles (Luc VII, 5) comme ce centurion qui avait bâti la synagogue de Capharnaüm.

Les disciples de Jésus n'ont d'abord fait que continuer la mission juive, se rendant, en chaque ville de la diaspora, à la synagogue (cf. les Actes des Apôtres), puis a éclaté la question de l'obligation de la circoncision (Actes XV, 1-28).

Jésus n'avait rien dit contre ce rite fondamental (autrement les évangélistes, confrontés aux réclamations des communautés chrétiennes judaïsantes, n'auraient pas manqué de nous le rappeler). Mais la tonalité de son enseignement ne laissait aucun doute sur l'issue du débat. L'apôtre Paul, quand il écrit : « La lettre tue et l'esprit vivifie », ne fait sans doute que citer une parole authentique du Maître (une *logia*) (*Deuxième Épître aux Corinthiens* III, 6).

La crise décisive

Après sa rupture avec la casherout, ses malédictions contre les docteurs de la Loi et les prêtres du Temple, il ne restait plus à Jésus, en dehors de ses disciples hommes et femmes, qu'un seul soutien en Israël : le parti des zélotes.

Les partisans de la lutte armée attendaient beaucoup du prophète : ils avaient les mêmes adversaires ; parmi les douze, on comptait d'ailleurs deux zélotes.

A ce moment de la vie publique du Christ, se situe un événement singulier que les quatre évangélistes nous ont rapporté sous le nom de « multiplication des pains » (Jean VI, 1-15, Matthieu XIV, 13-21, Marc VI, 32-44, Luc IX, 10-17).

Ce fait est à situer au début de l'année 30 de notre ère, pendant la troisième année de la prédiction de Jésus qui commença, nous l'avons dit, en octobre 27. Les chefs zélotes décidèrent de tendre à Jésus une espèce d'embuscade politique et populaire. Sans le lui dire, mais de mèche avec au minimum les deux disciples appartenant à leur parti, ils convoquèrent une foule nombreuse de partisans en un endroit désert de la rive orientale du lac de Tibériade (à cette époque, comme encore aujourd'hui, toutes les villes étaient situées sur la rive occidentale), au pied des montagnes du Golan, traditionnel refuge des résistants. Avec la complicité des deux disciples zélotes, les barques du groupe apostolique touchèrent terre à l'endroit convenu, en plein milieu de la foule que Jésus fut surpris de trouver si nombreuse sur cette côte désertique. Il comprit aussitôt quel piège on lui tendait et voulut rembarquer. Puis, voyant les gens : « Il en eut pitié, parce qu'ils étaient las et prostrés comme des brebis qui n'ont pas de bergers, et il se mit à les instruire longuement » (Marc VI, 34). Le soir vint à tomber.

Des disciples essayèrent de faire sortir Jésus du piège : « L'heure est déjà très avancée et l'endroit est désert, la nuit va venir. Renvoie-les afin qu'ils aillent dans les fermes et villages s'acheter à manger. » Il leur répondit sèchement, en homme qui n'est pas dupe : « Nourrissez-les vous-mêmes » – sous-entendu : puisque vous avez pris le risque de les rassembler ici. Judas, le trésorier, fit hypocritement remarquer que « cela allait coûter au moins deux cents deniers » (Marc VI, 35-38) – hypocritement parce qu'il était l'un des organisateurs du coup.

Ici se place le « signe » qui a tant frappé les disciples que toutes les traditions concordantes nous le rapportent (parfois même avec des doublons comme chez Marc VIII, 1-10 ou Matthieu XV, 32-39 – mais ce ne sont que des amplifications rédactionnelles, et il est bien certain que l'événement n'eut lieu qu'une seule fois).

Jésus, avec sa grande autorité, se mit à organiser dans la foule la collecte des vivres disponibles et le miracle se produisit : tout le monde fut rassasié, « et l'on ramassa douze couffins pleins de restes de pains et de poissons », note Marc qui ne perd jamais le sens du détail pittoresque (Marc VI, 42-43). Il ne faut rien voir ici de surnaturel : il s'agit seulement d'un véritable partage, les riches notables ayant accepté de donner de leur superflu (le meeting étant prévu secrètement de longue date, ils avaient pris leurs précautions) aux paysans pauvres et aux pêcheurs.

La nuit était tombée, des feux de joie brûlaient ici ou là.

Les zélotes qui avaient organisé la manifestation crurent le moment venu d'agir. Il se répandirent dans la foule en disant :

« C'est vraiment lui, le Messie, qui doit libérer Israël. » La tension commençait à monter et l'enthousiasme allait de pair.

Jésus prit conscience du danger. Il se rendit compte qu'« ils allaient essayer de l'enlever pour le proclamer roi » (Jean VI, 14-15). Voyant que ses disciples eux-mêmes partageaient cette idée, il choisit son moment et, par surprise, « il s'enfuit dans la montagne, tout seul » (*ibid.*).

Le Christ vient encore de refuser la tentation de la puissance.

Mais la déception des zélotes est immense : Jésus, par sa fuite, s'aliène le dernier parti qui le soutenait encore. Les zélotes se disaient entre eux : « Qui peut maintenant l'écouter ? » (Jean VI, 60). Peut-être même Jésus vient-il de s'aliéner certains de ses disciples les plus proches.

Le problème de Judas

Dans un tel contexte, le problème posé par la trahison de Judas devient, en effet, enfin compréhensible.

Judas, l'un des douze choisis par Jésus pour vivre avec lui et partager son intimité ; Judas, tellement honnête qu'on lui avait confié la trésorerie. Il n'y a pas lieu sur ce point d'ajouter foi aux allusions malveillantes de Jean (Jean XII, 6) qui choisit d'insinuer – c'est plus facile – que Judas était un voleur plutôt que d'essayer de comprendre la raison de sa trahison.

Judas n'était certes pas un esprit médiocre. On ne comprendrait pas, si cela était, qu'il eût été choisi par le Christ dont nous connaissons par ailleurs, à de multiples exemples, l'acuité de jugement sur les individus. Mais Judas était un zélote, l'un des organisateurs du pieux complot de la multiplication des pains. Toute sa passion était concentrée contre l'occupation romaine –

mutatis mutandis, une sorte de militant de l'IRA[1].

Judas croit en Jésus, mais il se méprend sur la mission du Christ.

Il serait absurde de penser que Judas ait pu trahir Jésus pour « trente deniers ». On lui a versé cette somme, c'est indiscutable (Matthieu XXVI, 14-16). Mais là n'était pas le motif de Judas.

On peut donner deux explications à sa trahison.

La première : la déception. Après le refus de Jésus d'être roi, le prophète pacifique (et non « pacifiste » : Jésus admet le recours aux armes en cas de nécessité ; il le refuse simplement pour lui) devient, par sa popularité même, un danger pour la résistance. Il faut donc l'écarter, fût-ce en le trahissant. Nous avons connu des situations semblables pendant l'Occupation.

La deuxième, plus vraisemblable : Judas a voulu forcer la main à Jésus. Le Christ s'était évadé du piège de la multiplication des pains, mais il n'avait en face de lui pour le retenir que des amis.

Face à de vrais ennemis, face à l'inéluctable, il serait bien obligé de réagir. Judas s'est donc comporté comme les terroristes de tous les temps : il a voulu obliger son chef à franchir le Rubicon. Il pensait que, devant la menace précise d'une arrestation imminente, le Christ n'aurait d'autre choix que le recours aux armes.

---

1. Armée républicaine irlandaise qui combat les Britanniques en Irlande du Nord.

D'ailleurs, les armes étaient préparées. Les gardes du Temple peu nombreux, les zélotes aux aguets dans l'ombre, la défense eût pu réussir!

Judas n'était pas isolé dans le groupe et nous verrons Simon-Pierre, le fidèle des fidèles, sortir son glaive pour trancher l'oreille d'un serviteur du grand-prêtre (un nommé Malchus, l'évangéliste a retenu le nom) (Jean XVIII, 10). Mais Jésus ordonnera de remettre les épées au fourreau (Jean XVIII, 11) et se laissera arrêter. D'où le désespoir de Judas qui, après avoir essayé de rendre les trente deniers, alla se pendre (Matthieu XVII, 3-6).

Le suicide de Judas serait parfaitement incompréhensible s'il se fût agi seulement d'argent!

En vérité, la trahison de Judas est liée au rejet du Christ par le mouvement des zélotes dont il faisait partie. Mais nous n'en sommes pas encore là.

La question de confiance

Au printemps de l'année 30, sans soutien, abandonné de tous sauf de quelques femmes, des douze (et parmi eux, Judas avec d'autres sont ébranlés), de quelques amis discrets (Lazare et Nicodème à Jérusalem), Jésus juge plus prudent de quitter le territoire d'Israël *(Eretz Israel)* et d'entraîner les douze à l'étranger.

L'étranger, le Christ y a déjà amené ses disciples : dans le désert de Transjordanie; au bord de la mer, au Liban; en montagne, sur le mont Hermon. Mais, cette fois, il s'agit de se mettre à l'abri. Jésus gagne donc le territoire du tétrarque Philippe (sur l'actuel Golan). Philippe étant brouillé avec son frère Hérode qui gouvernait la Galilée, parce qu'il lui avait pris sa femme, le groupe apostolique pouvait penser trouver sur ses terres une relative sécurité.

Jésus a besoin de reprendre en main ses apôtres.

Pendant plusieurs semaines, ils restent au calme dans une région païenne où personne ne connaissait le rabbi. Celui-ci essaie de préparer ses apôtres à ce qu'il entrevoit de son destin. Maintenant que les zélotes l'ont lâché, les autorités vont le tuer : « Le Fils de l'homme va beaucoup souffrir et être méprisé... ils le tueront... » (Marc IX, 12-31).

Mais les disciples admettent mal cette sombre éventualité.

Jésus se recueille et prie.

L'homme du lac de Tibériade et des noces de Cana est aussi un grand mystique. Il y a du Jean de la Croix en lui. En témoigne l'épisode dit de la « Transfiguration » (Marc IX, 2-8).

Dans une imagerie convenue, la lumière, les Nuées, les voix venues du Ciel, ce passage traduit l'impression profonde que l'image du Christ en prière, comme illuminé de l'intérieur, fit sur ses disciples.

Enfin, Jésus se décida à leur poser la question de confiance.

Plus de deux années avaient passé depuis les débuts riants au bord du lac. L'avenir s'annonçait menaçant. Jésus dit alors aux douze : « Voulez-vous me quitter vous aussi ? » La question posée prouve à quel point le Maître savait le trouble de ses disciples profond.

Alors Simon-Pierre s'avança devant les autres qui hésitaient et dit simplement : « Seigneur, à qui irions-nous ? Tu as les paroles de la Vie » (Jean VI, 67-69). Cela se passait près de la bourgade de Césarée (pas celle de la côte où résidait le gouverneur romain, celle de Syrie sur les terres du tétrarque Philippe).

A mon avis, il s'agit là du premier acte de foi « chrétien », bien que la religion nouvelle ne soit pas encore née, « chrétien » parce que concernant la personne de Jésus. La foi chrétienne se caractérise en effet par sa centralité christique : un attachement à la personne de cet homme-là, de ce prophète paradoxal.

« Tu as les paroles de la Vie ! A qui irions-nous ? » Les théologiens chrétiens de l'avenir pourront construire des systèmes compliqués, ils ne dépasseront jamais la force originelle de la profession de foi de Simon-Pierre que les synoptiques appellent la « confession de Césarée » (Marc VIII, 27).

C'est le tournant dans la destinée de Jésus.

Au cœur des quatre évangiles, on reconnaît le même mouvement : la prédication joyeuse au bord du lac de Tibériade ; puis, au centre, la question de confiance ; enfin le drame. Car bientôt Jésus va se décider à affronter ses ennemis, à faire face.

Marthe et Marie lui en fournissent l'occasion; elles lui envoient en Syrie, de Jérusalem, un messager annoncer la maladie de leur frère Lazare. Le prophète, même en retraite, n'est pas seul; « on » connaît son adresse. On devine un réseau amical, féminin en particulier, qui veille sur lui. Jésus décide alors d'aller à Béthanie, près de la Ville sainte, pour voir le malade. Car, note l'évangéliste, « Jésus aimait Marthe et sa sœur et Lazare » (Jean XI, 5).

Ses disciples ne sont pas chauds : « Maître, récemment encore tes ennemis, en Judée, voulaient te lapider et tu veux y retourner! » objectent-ils (Jean XI, 8). Mais rien n'y fait. Jésus est résolu. Alors Thomas dit aux autres : « Allons-y, nous aussi, et mourons avec lui! » (Jean XI, 16), phrase qui démontre à la fois l'amour qu'il portait au Christ et le peu d'illusions que ce bon apôtre gardait sur les événements à venir.

Cette scène est capitale. Les acteurs sont en place; la tragédie va pouvoir se jouer.

IV

La dernière montée

Multiples « montées »

D'après les synoptiques, on pourrait croire que Jésus est allé une seule fois à Jérusalem. Dans son livre *Les Cadres de l'histoire de Jésus* [1], Karl-Ludwig Schmidt a démontré le caractère catéchétique de cette construction. Heureusement, la présentation de l'activité de Jésus par l'évangile de Jean est, comme toujours, plus proche de la vérité chronologique.

Jean nous raconte de nombreux voyages de Jésus à Jérusalem; à l'occasion de chaque fête de Pâque (année 28, année 29) (Jean II, 13 et VI, 4) mais aussi pour les vendanges et la fête des Tentes (Jean VII, 2-10).

Jésus a souvent « enseigné dans le Temple ». Il connaît des amis à Jérusalem parmi les notables, Lazare de Béthanie, Nicodème qui

1. Berlin, 1919.

vint un soir le voir de nuit par peur du « qu'en dira-t-on ».

Cependant, cette montée pour la Pâque de l'an 30 n'est pas semblable aux autres. Les disciples en sentent la solennité : « Jésus prit résolument le chemin de Jérusalem », dit Luc (Luc IX, 51).

Marc dramatise encore davantage : « Ils étaient en route, montant à Jérusalem, et Jésus marchait devant eux, les disciples étaient dans la stupeur, et ceux qui suivaient étaient effrayés » (Marc X, 32). Il fallait trois ou quatre jours pour aller de leur lieu de retraite à la Ville. Venant du Golan, le Christ prit certainement, cette dernière fois, le chemin du Jourdain. Arrivé à Jéricho, de nouveau il entreprit la raide montée vers la cité sainte. Cette dernière étape ne prend que quelques heures, mais fort rudes. Quand on atteint la crête des monts de Judée qui, pendant la marche, masquent l'horizon, la ville, aujourd'hui encore, tout à coup vous saute aux yeux. Entourée de ses remparts, elle offre au regard des pèlerins l'esplanade du Temple de l'autre côté de la vallée du Cédron. On imagine Jésus, arrivé en ce point, se taisant longuement et contemplant la cité. Puis il laisse échapper cette plainte bouleversante : « Jérusalem, Jérusalem, toi qui tues les Prophètes et lapides ceux qui te sont envoyés, combien de fois j'ai voulu rassembler tes enfants à la manière dont une poule rassemble ses poussins sous ses ailes... et tu n'as pas voulu ! » (Matthieu XXIII, 37).

Avec les siens, il se retire ensuite à Béthanie dans la maison de Lazare où Marthe et Marie l'attendaient. C'est la troisième fois qu'il se rend à Jérusalem pour la Pâque. Il y arrive « six jours avant la fête » (Jean XII, 1).

Affrontements

Une dernière fois, Jésus va enseigner quelques jours dans la ville avant la Pâque. La guérison de Lazare, on le sait, n'a fait qu'inquiéter les responsables de l'ordre public : « Si nous continuons à laisser faire, il y aura des troubles », se disent les grands prêtres et les pharisiens (Jean XI, 48).

Jésus se résolut alors à accomplir deux gestes explicitement messianiques.

D'abord, il accepte que lui soit rendu un modeste triomphe. Sur un ânon, il fait son entrée dans la ville, entouré des partisans qui lui restent. Ceux-ci crient « hosanna » et jettent devant lui leurs manteaux ou des jonchées de verdure (Marc XI, 8-9).

Quelques pharisiens qui se trouvaient dans la foule lui dirent : « Maître, fais taire tes disciples », car ils avaient bien compris la portée symbolique de cette procession. Mais il leur répondit : « S'ils se taisaient, les pierres crieraient » (Luc XIX, 39-40).

Ensuite, une fois dans le Temple, « Il se mit à

chasser les vendeurs et les acheteurs qui s'y trouvaient, à culbuter les tables des changeurs et les sièges des marchands de colombes en criant : " Ma maison est une maison de prières et vous en avez fait un repaire de brigands ! " » (Marc XI, 15-18), s'attirant évidemment les protestations indignées des prêtres qui lui demandent : « De quel droit ? Par quelle autorité fais-tu cela ? » (Luc XX, 1-2.) Puis, après être entré plus avant dans le sanctuaire et « avoir tout regardé autour de lui » (note Marc, sensible aux regards du Christ-Marc XI, 11), comme il était déjà tard, il sortit pour retourner dans la maison de Lazare à Béthanie avec les douze disciples. La guerre est déclarée.

Les protagonistes de la Passion

Quels sont les protagonistes de cette guerre ?

D'abord, évidemment, les prêtres du Temple autour de Caïphe, le grand prêtre de cette année-là. Caïphe appartenait à une famille sacerdotale depuis longtemps au pouvoir et dans laquelle son beau-père Anne jouait encore un rôle prépondérant.

Le conseil des prêtres ou *sanhedrin* se réunira pour discuter du cas Jésus : mais il s'agira de réunions informelles, non officielles, nocturnes.

Alliés aux prêtres, beaucoup de pharisiens excédés par Jésus.

Jésus gardait cependant des partisans parmi les prêtres et les docteurs : « Joseph d'Arimathie, membre du conseil » (Luc XXIII, 50) ou le pharisien Gamaliel qui plus tard interviendra en faveur des disciples (Actes V, 34), sans parler de Nicodème (Jean III, 1). Mais ils étaient « paralysés par la crainte ».

A part ces exceptions, les « autorités » étaient très « montées » contre Jésus. Quand, dès le lendemain, il reparaît au Temple, elles cherchent à lui tendre un dernier piège : « Maître, nous savons que tu es franc, que tu ne te préoccupes pas de la condition sociale des gens et que tu regardes uniquement la vérité » (Marc XII, 13). Bel hommage du vice à la vertu, et belle description de Jésus par ses ennemis ! Mais voici le piège : « Est-il permis ou non de payer l'impôt à César ? »

Le piège est bien tendu : si Jésus avait répondu oui, ses ennemis se seraient retournés vers le peuple en disant : voyez, c'est un collabo. Et s'il avait dit non, ils l'auraient dénoncé aux Romains comme incitant à la grève fiscale. Jésus n'est pas dupe : « " Pourquoi me tendez-vous un piège ? Apportez-moi un denier que je le voie. " Ils en apportèrent un. Il leur demanda : " De qui est l'effigie que voici ? Et la légende ? " Ils lui répondirent : " De César. " »

Alors Jésus leur dit la phrase célèbre : « Rendez à César ce qui est à César et à Dieu ce qui est à Dieu » (Marc XII, 13-17). Cette réponse, en même temps qu'elle permet à Jésus, de façon casuistique, d'échapper au piège, fonde une légitime séparation entre le temporel et le spirituel; séparation absolument nouvelle dans l'histoire des religions et qui est l'œuvre propre de Jésus.

Ce piège nous permet de mieux comprendre les rapports complexes qui vont se nouer, à propos de l'affaire Jésus, entre les autorités et les zélotes.

Les zélotes, résistants qui, pour leur part, ne voulaient pas payer l'impôt à César, avaient abandonné Jésus depuis qu'il avait refusé de se mettre à leur tête lors de l'affaire de la « multiplication des pains ». Ils étaient évidemment ennemis jurés des prêtres et des scribes, collaborateurs. Mais ils désiraient maintenant se débarrasser de Jésus, devenu, à leurs yeux, un gêneur.

De l'autre côté, les autorités, désirant également se débarrasser du Christ, avaient besoin des zélotes. Pourquoi? Parce que Jésus était encore populaire chez les gens simples. Or les pèlerins, par milliers, se rendaient à Jérusalem pour la Pâque, et les autorités ne voulaient à aucun prix déclencher une émeute à propos du Prophète. Marc le note, les autorités « cherchaient à l'arrêter, mais elles avaient peur de la foule » (Marc XII, 12). Jésus, à ce moment, se savait en sécurité au milieu de la foule. C'est pourquoi il avait quitté la maison de Béthanie où il aurait été trop exposé, et campait avec ses disciples, sous les murs de la ville, au milieu des pèlerins.

L'alliance des autorités, avec leurs ennemis zélotes, allait leur permettre de mettre la main sur Jésus, discrètement, sans provoquer d'émeute. Cette alliance « objective » (comme diraient les marxistes) eut pour instrument précisément « Judas le zélote », l'un des douze. Tout se noue et s'explique.

Restait à trouver un motif de condamnation. Ces motifs ne manquaient pas aux autorités juives : la prétention qu'avait Jésus de régenter le Temple en chassant les marchands était inacceptable par les prêtres, les libertés que le Prophète prenait avec la casherout étaient inadmissibles par les pharisiens. Cependant, tous ces motifs étaient des délits religieux. Or la Judée étant colonie romaine, les occupants s'y étaient réservé la haute justice et donc la peine de mort.

Le préfet Pilate était d'ailleurs au même moment à Jérusalem. Nous savons qu'il y allait, avec des troupes, à chaque pèlerinage important. Il résidait dans la forteresse Antonia. Par malheur pour les autorités juives, ces problèmes religieux ne l'intéressaient nullement : « Est-ce que je suis juif, moi ? » avait-il coutume de dire (Jean XVIII, 35).

Il fallait donc, pour faire condamner Jésus par Rome, le présenter à Pilate comme un résistant, et pour cela la complicité des zélotes était aussi nécessaire.

Dernier protagoniste, le tétrarque Hérode-Antipas, installé dans la Ville sainte pour la

Pâque. Étant galiléen, Jésus dépendait en théorie de lui. Nous savons que le roitelet détestait le Christ, voyant en lui un avatar de ce Jean Baptiste qu'il avait fait exécuter deux années auparavant. Cependant, il ne disposait, en fait, d'aucun pouvoir réel; sous le protectorat romain, il n'était qu'un comparse et son rôle ne sera que de comédie.

Le drame et sa date

Nulle part les récits de la Passion ne sont aussi beaux (et aussi cruels) que chez Marc et Jean [1]. Alors qu'ils apparaissent estompés et liturgiques chez Luc ou Matthieu, on sent chez Marc le témoignage visuel du chef des apôtres Simon-Pierre (et fugitivement de Marc lui-même), et chez Jean le témoignage aimant du plus jeune des disciples, âgé en cette Pâque de moins de vingt ans.

Les protagonistes étant en place, la pièce peut désormais se jouer.

Jésus qui pressent l'imminence du drame désire partager une dernière fois le repas de la Pâque avec les siens. Il suivait, selon certains exégètes, un calendrier galiléen archaïque; le plus probable, c'est qu'il avança la célébration de la fête, en toute connaissance de cause et compte tenu des circonstances. Il désirait rassembler ses disciples pour ce rite, si souvent célébré ensemble, du pain et du vin. Ce dernier

1. J. Guillet, *Jésus devant sa vie et sa mort*, Aubier, 1971.

repas fut donc en même temps le banquet fraternel des disciples et le repas liturgique de la fête. Une maison amie et discrète le reçut en ville ; car il ne convenait pas de faire la Pâque en dehors des murs saints. Et puis, pour ce repas solennel, un campement était trop précaire : il fallait une salle, des cuisines, un service. Cette maison fut peut-être celle des parents de l'évangéliste Marc. Dans ce dernier repas, on ne proclamerait pas seulement, comme dans le repas pascal juif de *Seder*, la libération d'Égypte, on célébrerait la *Hagada* de Jésus, le prophète martyr : « Il n'y a pas de plus grand amour que de donner sa vie pour ses amis » (Jean XV, 13).

« La mort, Jésus ne la voulait nullement en soi, comme si elle était réclamée par Dieu », écrit avec pertinence Marcel Legaut [1]. Jésus n'imagine pas la théologie de la Rédemption, qui sera plus tard l'œuvre des disciples, à commencer par Paul que Jésus n'a jamais rencontré. Dans tout l'enseignement du Christ on ne trouve d'ailleurs, comme le remarque Delumeau [2], « pas la moindre allusion au péché originel » ! Non. La réalité est plus simple et plus émouvante : Jésus se sait piégé, trahi, comme Jean Moulin à Caluire – « l'un de vous me trahira » (Matthieu XXVI, 21). Mais il pense qu'en se livrant en personne, il sauvera la vie de ses disciples.

1. *Introduction à l'intelligence du passé et de l'avenir du christianisme*, Aubier-Montaigne, 1971.
2. *Une histoire du Paradis*, Fayard, 1992.

Et c'est en effet ce qui va se passer : les autorités ne s'inquiètent guère des disciples qu'elles jugeaient, avec raison, quantité négligeable. Très concrètement, très réellement, Jésus se prépare à donner sa vie pour épargner celle de ses amis. Il le dira au moment de son arrestation : « Si c'est moi que vous cherchez, laissez donc partir ceux-là » (Jean XVIII, 8).

Jésus fait le sacrifice de sa vie, non en vertu d'une théologie morbide du sacrifice humain, condamnée d'ailleurs dans le judaïsme depuis que Dieu a refusé à Abraham le sacrifice d'Isaac (Genèse XXII, 12), mais en vertu de l'amitié et de la dignité, en vertu de cette vérité rappelée par Malraux : « Pour tous ceux qui savent qu'ils doivent mourir, seul le sacrifice donne un sens à la mort [1]. »

Aussitôt la dernière bouchée prise, nous raconte Jean, Judas sortit : « C'était la nuit », note l'évangéliste (Jean XIII, 30) qui garde présentes à l'esprit les heures et les circonstances.

Le repas terminé, Jésus se rendit avec les siens au mont des Oliviers, à l'endroit où, depuis quelques jours, ils campaient dans un domaine appelé Gethsémani (Marc XIV, 32). Les disciples s'endormirent rapidement, bien que leur maître les eût priés de veiller avec lui : « Mon âme est triste à mourir. Veillez avec moi » (Marc XIV, 34).

« Triste à mourir » : Jésus vit avec intensité ce qu'exprimera plus tard François d'Assise dans la campagne d'Ombrie quand il criera :

---

1. *Oraisons funèbres*, Gallimard, 1971.

« L'amour n'est pas aimé » *(Fioretti)*. Jésus « descend aux Enfers ».

Déjà Judas revient à la tête d'une petite troupe de serviteurs du grand prêtre. Le coup de main nocturne aura toute la discrétion possible. Pour désigner le Christ aux gardes dans l'obscurité, Judas embrasse Jésus, s'attirant cette réplique : « Mon ami, un baiser pour ce que tu fais ! » (Luc XXII, 48.)

Avec dignité, le maître fait front aux sbires : « Suis-je un brigand que vous vous soyez mis en campagne avec des glaives et des bâtons pour me saisir ? Chaque jour, j'étais parmi vous dans le Temple à enseigner. Alors, vous n'avez pas osé m'arrêter » (Marc XIV, 48).

Les disciples, au contraire, abandonnent au même moment leur maître et leur honneur : « l'abandonnant alors, ils s'enfuirent tous » (Marc XIV, 50). Cependant, le sacrifice de Jésus n'aura pas été inutile : ils auront la vie sauve. On ne les poursuivra même pas !

On traîne le Maître chez le grand prêtre pour une réunion semi-clandestine du sanhédrin. Le prophète se tait et ne sort de son silence que pour assumer son destin : « Vous verrez le Fils de l'homme », etc. – « Il a blasphémé », hurlent les prêtres (Marc XIV, 62-64).

Dans la cour du palais sacerdotal se joue la comédie du reniement de Simon-Pierre, sur lequel tous les textes s'accordent. Épisode évidemment scrupuleusement exact, car il n'est pas à la gloire du chef des apôtres de la primitive Église.

Pierre avait suivi de loin, anonymement, et se chauffait à un feu avec les serviteurs. Reconnu par une servante, il nia. On lui fit remarquer que son accent galiléen le trahissait, « il se mit à jurer avec force imprécations : Je ne connais pas l'homme dont vous parlez » (Marc XIV, 71). La différence, importante mais unique, entre Pierre et Judas, c'est que Pierre, après son reniement, se mit à pleurer, alors que Judas, après sa trahison, alla se pendre!

Au matin, on mène Jésus au prétoire. Pilate est bien embarrassé par ces querelles israélites. Il se rend vite compte que l'homme qui comparaît devant lui n'est pas un rebelle. Il cherche donc à se débarrasser de l'affaire en envoyant Jésus à Hérode, sous le prétexte que le Christ était galiléen. Le roitelet, après s'être amusé du prévenu, le renvoie au gouverneur, avec ses civilités. Luc note qu'à cause de cela « Hérode et Pilate devinrent amis, d'ennemis qu'ils étaient auparavant » (Luc XXIII, 12). Tout le monde se réconcilie sur le dos du Christ!

Ensuite, Pilate cherche à sauver l'accusé. Il propose aux autorités juives sa libération, dans le contingent habituel des grâces accordées pour la Pâque. Celles-ci la refusent, mais obtiennent l'élargissement d'un véritable rebelle, un certain Barabbas, payant ainsi dans cette affaire leur dette au parti zélote.

Pilate s'obstine : « Je ne vois [en Jésus] aucun motif de condamnation » (Jean XIX, 6); mais il finit par céder au chantage des prêtres : « Si tu le relâches, tu n'es pas un ami de César » (Jean XIX, 12).

En somme, le préfet s'est comporté honorablement, en bon gouverneur colonial « qui ne veut pas d'histoires ». Mais il ne va pas risquer son poste pour un agitateur (les notables de la diaspora juive sont influents à Rome!). Jésus connaîtra donc la mort terrible que Rome réserve aux rebelles : la croix.

Trois croix, celle de Jésus et celles de deux brigands, sont dressées aux portes de la ville, en un lieu réservé aux exécutions, le Golgotha.

Sur la croix, le Christ a le temps de dire quelques mots, la mort en crucifixion survenant par étouffement, à la longue et non immédiatement. En particulier, d'après Marc il dit : « Mon Dieu, mon Dieu, pourquoi m'as-tu abandonné ? » (Marc XV, 34.)

Ce ne sont pas des paroles de désespoir. Comme tous les martyrs, Jésus sait pourquoi il meurt : pour sa dignité. Ce cri est en fait le premier vers du psaume 21, l'un des psaumes écrits à la même époque que l'Isaïe du *Serviteur souffrant*. Nous constatons ainsi que, du début de sa vie publique, l'« agneau de Dieu », à la fin, le « psaume 21 », Jésus a été, ou s'est assimilé à cette figure du serviteur de Dieu injustement traité. Il meurt donc, comme un bon israélite, en récitant un psaume. Ce serait un contresens d'en faire, comme Vigny le fit, un désespéré. Il y avait là quelques femmes qui « regardaient à distance » (Marc XV,40), dont Marie-Madeleine, et le plus jeune des disciples, Jean.

Après sa mort, comme c'était la veille du sabbat de Pâque où il est interdit de faire quoi que ce soit, Joseph d'Arimathie, « membre notable du conseil », s'en alla demander le corps à Pilate, qui le lui accorda volontiers. Ayant acheté un linceul, Joseph d'Arimathie descendit le corps de la croix et le déposa, en attendant, dans son caveau de famille, une grotte creusée dans la montagne, à la mode du pays, devant laquelle il roula une pierre (Marc XV, 43-46).

La *date* de cette mort fait actuellement l'objet chez les historiens d'un large accord. Jésus est mort une veille de sabbat de Pâque, donc un vendredi (Marc XV, 42, Jean XIX, 31). C'était le jour de la « préparation », c'est-à-dire le 14 du mois de nisan (avril). Avec le calcul astronomique on sait quand le 14 nisan est effectivement tombé – un vendredi : « C'est le 7 avril de l'an 30 de notre ère [1] », donc après deux années et demie de prédication. Jésus avait trente-six ou trente-sept ans.

La Résurrection est-elle un fait historique ?

En tant que telle, la Résurrection est une affirmation théologique : Jésus, bien qu'il soit mort sur la croix, est toujours vivant.

C'est même l'affirmation centrale de la foi chrétienne, si loin que l'on puisse remonter.

---

1. Charles Perrot, *Jésus et l'Histoire*, Desclée, 1973 ; Perrot indique que le 7 avril 30 est la date la plus probable, mais que le 3 avril 33 reste possible.

C'est ainsi que le comprend le gouverneur Festus, l'un des successeurs de Pilate à Césarée, qui retient prisonnier l'apôtre Paul. Quand il parle de cette affaire au roi Agrippa (l'un de ces roitelets, protégés de Rome), il dit qu'il y a contestation entre Paul et les autorités juives « au sujet d'un certain Jésus, qui est mort et que Paul affirme être toujours en vie » (Actes des Apôtres XXV, 19). Ce qui corrobore la fameuse exclamation de Paul lui-même : « Si le Christ n'est pas ressuscité, alors vide est notre prédication et vaine notre foi » (*Première Épître aux Corinthiens* XV, 14).

Or la vie de Jésus après sa mort sort des limites de l'espace et du temps et, comme telle, n'est pas une question d'Histoire, mais de foi.

Pour cette raison, le lecteur a peut-être remarqué que je n'ai pas employé plus haut le terme de « résurrection » pour parler de la résurrection de Lazare, mais celui de « guérison ». C'est improprement, en effet, qu'on parle d'une résurrection de Lazare. Pour les chrétiens, seul le Christ est ressuscité. Lazare n'est pas sorti de l'espace et du temps ; guéri, quoi qu'on pense de la nature de sa guérison, il est mort de mort naturelle des années plus tard. Cependant, si la Résurrection est seulement objet de foi, les « apparitions » du Christ ressuscité s'insèrent au contraire *dans* les limites de l'espace et du temps et, comme telles, l'Histoire peut en discuter.

Un fait étrange s'est produit au matin du jour de la Pâque juive de l'an 30 de notre ère, alors que les « femmes de qualité » qui servaient Jésus « venaient d'acheter des aromates pour aller oindre le corps » et se hâtaient vers le tombeau de Joseph d'Arimathie (Marc XVI,1-2). Ce fait, c'est l'affirmation immédiate par les disciples que Jésus était toujours vivant et avait triomphé de la mort, qu'ils l'avaient revu « à plusieurs reprises ». Il y a bien là quelque chose d'extraordinaire.

Souvenons-nous. Jésus est mort seul, lâchement abandonné par les douze (sauf peut-être Jean, et encore « de loin »). Ce sont des femmes et Joseph d'Arimathie, un pharisien, qui ont mis le corps au tombeau – et ce sont ces mêmes douze, immédiatement, qui affirment l'avoir revu. On comprendrait qu'à la longue, au fil des années, la conviction d'une survie de Jésus se fût installée chez les disciples. C'est le cours normal de la fabrication d'une légende. Mais en trois jours!

Rappelons-nous comme les douze étaient désespérés. Ils avaient cru en un Messie triomphant, à leur accession aux bonnes places; et par son sacrifice leur Maître avait seulement réussi à leur sauver la peau. Ils avaient peur et se terraient. Soudain, ces lâches sont transformés en témoins héroïques, non pas exaltés, mais tranquilles.

Quand Pierre discute calmement, quelques années plus tard, avec un centurion romain de la « Cohorte italique » nommé Cornelius et lui affirme « avoir mangé et bu avec Jésus, après sa résurrection d'entre les morts » (Actes X, 1-44), il y a de quoi être surpris!

Le christianisme est né de cette certitude immédiate du malheur surmonté; l'abbé Pierre parle de « désillusion enthousiaste », car il existe, indiscutable et forte, cette foi en la victoire de Jésus sur la mort.

Y a-t-il eu des apparitions ou non? Sur quel genre de sensations se fonde la certitude tranquille des Apôtres (on songe à la certitude tranquille de Jeanne d'Arc à l'égard de ses voix)? Nul ne peut le dire. Mais comme l'écrit avec force Hans Kung [1], s'agissant de la Résurrection: « Il n'est pas vrai que rien ne soit arrivé! »

Et il n'y a pas besoin pour expliquer ce fait d'inventer des arrangements rocambolesques comme s'y est essayé Gérald Messadié [2], lequel imagine la mise au point par Joseph d'Arimathie, d'une « mise en scène » avec fausse mort et vraies apparitions. Ces arrangements sont invraisemblables, historiquement invraisemblables, tant ils sont contraires à la vérité psychologique de Jésus décrite par l'historien.

Certes, il y a le tombeau vide, qui semble un fait avéré; mais, tout en restant pour l'historien une énigme insoluble, il ne prouve rien. Les autorités, craignant un culte des reliques, auraient pu faire disparaître le corps. Notons cependant que, face à la foi chrétienne, elles eussent pu ensuite revendiquer cet acte, ce qu'elles ne firent pas. Quant à imaginer une subtilisation par les disciples, ce que nous

1. *Être chrétien*, Seuil, 1978.
2. *L'Homme qui devint Dieu*, Laffont, 1988.

savons de leur bonne foi rend cette hypothèse aussi rocambolesque qu'une fraude macabre ayant pour auteur Jésus lui-même.

Un superbe texte évangélique traduit la calme simplicité de la foi des disciples, un passage qu'on appelle « Les pèlerins d'Emmaüs » (Luc XXIV,13-36). Nous sommes à l'instant du désespoir, juste après la mort du Christ. Et voici deux disciples qui fuient Jérusalem. Ils ont peur. « Nous espérions, disent-ils, que Jésus délivrerait Israël mais il est mort ! » C'est le désenchantement total.

Pendant qu'ils marchent sur la route d'Emmaüs en discutant de ce qui venait de se passer, ils sont rejoints par quelqu'un qui chemine avec eux, puis leur demande : « Quels sont donc ces propos que vous échangiez en marchant ? »

Alors ils s'arrêtent, le visage morne. L'un d'eux, « nommé Cléophas », répondit au voyageur inconnu : « Tu es bien le seul habitant de Jérusalem à ignorer ce qui s'est passé ces jours-ci. – Quoi donc ? – Ce qui est advenu à Jésus de Nazareth, un prophète puissant en actes et en paroles... comment nos chefs l'ont livré aux Romains pour être crucifié... et voilà deux jours que ces choses se sont passées ! »

Alors le compagnon mystérieux s'applique à examiner avec eux le sens des événements : « Ne fallait-il pas que le Christ souffrît pour entrer dans sa gloire ? »

Quand ils furent près du village d'Emmaüs, l'inconnu fit semblant d'aller plus loin. Mais ils le pressèrent en disant : « Reste avec nous, car le soir tombe, et déjà le jour touche à son terme. »

Il entra donc à l'auberge. Une fois à table avec eux, il prit le pain, le bénit, le rompit et le leur donna. C'est alors qu'ils Le reconnurent. Mais Il les avait déjà quittés.

Sur-le-champ, ils revinrent à Jérusalem, se disant l'un à l'autre : « Notre cœur n'était-il pas tout brûlant au-dedans de nous quand il nous parlait en chemin et nous expliquait les Écritures ? »

Ce texte, admirable, décrit très bien l'événement historique de Pâque. Pour le croyant, Jésus est ressuscité ; pour l'agnostique (et l'historien se doit de l'être – comme Pasteur, pourtant croyant, déclarait être agnostique à l'intérieur de son laboratoire), l'événement de Pâque est cette explosion soudaine et violente d'une foi inouïe, l'observation à l'état vif de la naissance d'une religion nouvelle !

V

Histoire et théologie

Le père Congar, l'un des plus grands esprits de la théologie catholique, en est arrivé à reconnaître, sans aucune réserve, que « tout relève de l'Histoire, absolument tout, y compris Jésus [1] ».

Mais l'historien pour sa part distingue clairement les interprétations « mythologiques » d'un événement des interprétations « théologiques » de ce même fait.

Les interprétations mythologiques

Les interprétations « mythologiques » sont rares dans les évangiles.

Il ne faut pas les confondre avec les « imageries bibliques » : Nuées du ciel, chœur des anges, etc.

1. *Entretiens d'automne*, Le Cerf, 1988.

L'*Ascension* du Christ est-elle une interprétation mythologique ? Les Apôtres ont-ils pu « voir » Jésus monter physiquement au ciel comme une fusée Ariane à Kourou (Luc XXIV, 51) ? l'historien en doute. Mais seul Luc « décrit » ce « miracle »; quand on lit Marc, on s'aperçoit qu'il s'agit d'une vérité toute théologique : « Le Seigneur Jésus fut enlevé au ciel et il s'assit à la droite de Dieu » (Marc XVI, 19) : le « ciel », la « droite de Dieu » ne sont que des expressions traditionnelles des Écritures.

La *Pentecôte* en est-elle une ? Toujours chez Luc (Actes II, 1-5), plus que de mythologie, il s'agit d'exprimer la vérité théologique de l'effusion de l'Esprit : « Tous furent alors emplis de l'Esprit », et cette vérité est dans la ligne de la prédication par Jésus d'un Royaume « intérieur » aux hommes.

Le « vent », le « feu », font également partie de l'imagerie biblique la plus habituelle pour exprimer l'action de Yahveh.

En fait, Ascension, Pentecôte ne sont pas des mythologies : au-delà des imageries, ce sont des affirmations de foi.

Reste alors une seule véritable interprétation mythologique dans nos textes : la *virginité* de Marie. Nous avons souligné que l'apôtre Paul, le plus ancien de nos auteurs du Nouveau Testament, ignorait tout de la naissance miraculeuse de Jésus.

Luc et Matthieu ont cru devoir utiliser cette affirmation pour faire comprendre leur théologie de Jésus fils de Dieu.

Rien de plus normal : dans la mentalité de l'époque, il était difficile d'affirmer que Jésus était le « fils de Dieu » (au sens que la foi des communautés chrétiennes de la primitive Église donnait à ce terme) en reconnaissant par ailleurs que Joseph était son père !

Marie, quand elle interpelle son fils fugueur par ces mots : « Ton père et moi nous te cherchions » (Luc II, 48), désigne incontestablement Joseph comme père de Jésus ; et l'adolescent, en affirmant déjà sa relation spéciale avec le Père des Cieux : « Ne fallait-il pas que je sois aux affaires de mon Père ? » (Luc II, 49), ne nie nullement la paternité charnelle du même Joseph. D'ailleurs, il est écrit que Joseph et Marie « ne comprirent rien à la parole qu'il venait de dire » (Luc II, 50).

Mais, cinquante ans plus tard, les choses sont devenues difficiles. Que Marie fût la mère de Jésus ne posait aucun problème, car elle n'était pas en concurrence avec Yahveh dans les conceptions du temps où Dieu était représenté comme un mâle ; mais que le Christ eût deux pères, Joseph et le Père des Cieux, cela en faisait un de trop ! D'où l'invention mythologique de cette virginité de Marie : si Marie est « toujours vierge », Joseph n'est pas le père de Jésus et le Seigneur n'a qu'un seul père, celui des Cieux. CQFD !

Cependant, ce qui était pédagogique et légitime au Ier siècle de notre ère l'est-il encore aujourd'hui ? Henri Guillemin n'a-t-il pas raison d'ironiser, lui pourtant catholique fidèle et pratiquant, sur « Marie toujours vierge après deux mille ans [1] » ?

Le rôle de Marie comme mère du Christ est suffisamment grand pour que son culte soit justifié et les cathédrales consacrées à « Notre-Dame » bien nommées. Mais s'accrocher à cette image de la virginité de Marie, *avant, pendant* et *après* la naissance de Jésus, au risque de paraître condamner la sexualité et même la maternité dans ce qu'elle a de charnel, est-ce encore justifié ?

Au contraire, l'affirmation de la maternité divine de Marie n'est pas mythologique, mais théologique. Marie « mère de Dieu » – *theotokos* – n'est qu'une conséquence de la théologie de l'incarnation. L'historien n'a rien à y opposer ; il s'agit de foi ; par contre, l'historien ne saurait accepter le mythe de la virginité qui est d'ailleurs totalement absent de la prière chrétienne consacrée à Marie. Cette prière nomme Marie « Mère de Dieu », mais ignore sa pseudo-virginité ; elle insiste sur le caractère charnel de sa maternité : « Jésus, le fruit de vos entrailles »...

1. *Malheureuse Église,* Seuil, 1992.

Les interprétations théologiques

Les interprétations « théologiques », au contraire, ne sauraient être contredites par l'Histoire. Nous l'avons vu pour la Résurrection : la soudaineté inexplicable de l'émergence de la foi pascale est un événement historique ; le contenu de cette foi échappe à l'Histoire ; l'historien ne saurait confirmer ce contenu, ni l'infirmer.

Les interprétations théologiques ne sont donc pas de la « mythologie », ce sont les réponses des Églises aux questions que Jésus ne cesse de leur poser.

Alfred Loisy, grand exégète catholique, excommunié en 1908, avait un joli mot : « Jésus annonçait le Royaume, et c'est l'Église qui est venue [1] ! » disait-il. Il a raison et il a tort.

Il a tort, car le « Royaume » est venu aussi dans le cœur des croyants, et parfois bien au-delà des Églises visibles.

Il a raison, car dès la naissance, à Pâque, d'une nouvelle religion, l'Église est constituée, avec son rite central du « repas du Seigneur », son baptême (qui va remplacer la circoncision après le Concile de Jérusalem), son ouverture « à toutes les nations » (Matthieu XXVIII, 19) et son autorité « apostolique » ; ses immédiates trahisons du message fondateur aussi, en parti-

1. *L'Évangile et l'Église,* Picard, 1902.

culier en ce qui concerne les prétentions à la puissance.

Mais nous n'écrivons pas ici une histoire des Églises.

Nous savons que c'est l'Église qui a rédigé, en ses diverses communautés, les évangiles.

Nous devons constater que ce sont les Églises qui continuent à se réclamer de notre héros.

Sans elles, Jésus aurait été depuis longtemps oublié ! Les autorités juives n'ayant aucun intérêt à en perpétuer la mémoire.

Les interprétations théologiques de la vie de Jésus, quoique échappant au domaine de l'Histoire proprement dite, ne peuvent cependant laisser l'historien indifférent. Si celui-ci ne veut pas aborder le problème de la foi – ce n'est pas son métier –, il peut établir un tri entre les théologies. Sans avoir une compétence théologique spéciale, il est capable, en tant qu'historien, de juger de la conformité de telle ou telle interprétation théologique au regard du message originel de Jésus : les développements de ce message sont admissibles, les négations de ce message, inadmissibles.

Car il y a des théologies aberrantes.

Citons par exemple une certaine conception de la *Rédemption* à laquelle Delumeau n'est pas sûr que l'Église ait renoncé [1] : l'horrible théologie d'un Dieu Père réclamant le sacrifice de son fils ; ce qui fit écrire, à juste titre, à Diderot qu' « aucun père de la terre ne voudrait ressembler à ce père-là » ! Il est aisé à l'historien de

1. *Une histoire du Paradis, op. cit.*

démontrer que cette image d'un père castrateur, chère à Freud, est absolument incompatible avec celle, qui nous vient de Jésus, d'un père respectueux et tendre tel que nous le présente la parabole de l'enfant prodigue (Luc XV, 11-32).

Par contre, il existe des théologies éclairantes.

Celle de l'*Incarnation*, notamment. Du temps de Jésus, l'expression « fils de Dieu » était banale. Elle signifiait simplement « homme » (ou « femme » – les « voix » diront à Jeanne d'Arc : « Va, fille de Dieu... »), à la rigueur « saint » ou « sainte ». Quand le centurion romain qui avait commandé le peloton d'exécution du Christ le vit mourir sur la croix avec tellement de dignité, il s'écria : « Vraiment, cet homme était fils de Dieu » (Marc XV, 39) et cela signifiait seulement : cet homme était vraiment un saint. Nous avons rappelé que dans la bouche du Christ, et paradoxalement, c'était au contraire l'expression « fils de l'homme » qui prétendait à définir la messianité. Mais dans la conscience de l'Église de Rome lisant l'évangile de Marc, le sens des mots du centurion a déjà évolué : « fils de Dieu » veut dire, désormais, « Seconde Personne de la Sainte Trinité ». Jésus est reconnu comme « Dieu venu en personne dans le monde » – Dieu n'est plus seulement au-dessus de l'humanité, fût-ce comme Père aimant, il est devenu « frère des hommes » en Christ, et il est aussi à l'intérieur des croyants par l'Esprit de la Pentecôte (Actes II, 1-3). Le

Dieu des chrétiens est au-dessus de l'homme comme chez les Juifs, fraternel comme chez les humanistes et spirituel comme dans l'hindouisme.

L'Incarnation, c'est Dieu venu *dans* le monde. De ce fait, le monde le plus matériel est transfiguré. De ce fait, il est légitime de révérer des images (des icônes) de Jésus (et l'on sait l'importance historique qu'eut la querelle « iconoclaste » au premier millénaire). En Jésus, Dieu s'est donné un visage, d'où la spécificité des civilisations issues du christianisme par rapport à l'image (bien signalée par Régis Debray qui en crédite ce « monothéisme dissident [1] »).

Ainsi l'Incarnation est-elle une formidable interprétation théologique de la vie du Jésus historique. Cette interprétation donne une infinie valeur au destin des hommes : « Dieu s'est fait homme pour nous faire Dieu », s'exclamait l'évêque Athanase d'Alexandrie au IVe siècle de notre ère.

Nous voyons donc que la bonne théologie, quand elle ne va pas contre la prédication originelle de Jésus, est utile aux croyants : la personnalité du Christ est tellement extraordinaire qu'y reconnaître le passage du divin parmi les hommes n'est pas absurde.

Mais pour l'incroyant, il ne s'agit plus de la biographie du Christ, seulement, comme le constatait Loisy, de l'histoire du christianisme et de ses Églises.

1. *Vie et Mort de l'image*, Gallimard, 1992.

Comparaisons historiques

Dans l'histoire des hommes, il en est peu qu'on puisse comparer à Jésus. Toutes religions égales, pour ma part, je n'en vois que deux : *Bouddha*, d'abord (560-480 avant notre ère). Nous avons vu ce fils de prince quitter secrètement le palais de son père et recevoir la révélation de la misère et de la mort. De ce choc initial naîtra la théologie de l'« illuminé » : Bouddha prétend échapper au cycle infernal de la souffrance par le renoncement dans la vie monastique. Bouddha est l'archétype du « moine » de tous les temps.

Il éteint en lui le désir et la passion pour aboutir à une ouverture infinie, ou *nirvana*, un anéantissement très proche au fond du nihilisme moderne. Lévi-Strauss l'a senti quand il a déclaré que « rien d'important n'a été dit depuis Bouddha [1] ». Reste que quand la religion atteint une forme aussi « pure », elle conduit à la destruction de la cité.

Si Bouddha avait été rigoureusement suivi quand il conseillait d'abolir la soif d'exister et de procréer, il n'y aurait aujourd'hui ni bouddhisme ni bouddhistes !

Socrate ensuite (469-399 avant notre ère) est, lui, l'archétype du « maître-penseur ». Nous

1. *Tristes Tropiques*, Plon, 1973.

avons reconnu des correspondances entre lui et Jésus dans leur manière, à tous les deux, de questionner. Ils pratiquent la même « maïeutique ».

Socrate est un maître qui accouche ses disciples de leur pensée intime. Comme Jésus, il aime la lumière et la beauté des choses.

En revanche, ce n'est pas un rural, mais un citadin – le produit le plus élaboré de la Cité athénienne.

De même que Jésus pousse le judaïsme à son sommet, Socrate incarne l'hellénisme en son paroxysme, et avec les mêmes conséquences. Il existe un parallèle frappant entre le destin de Jésus et celui de Socrate. Tous les deux seront condamnés à mort par les autorités légitimes de leur peuple : Jésus à trente-sept ans, Socrate à soixante-dix !

Cependant, à l'époque de Socrate, Athènes n'était pas une colonie romaine, mais une cité libre, et le maître grec, au lieu de connaître comme Jésus la mort horrible des esclaves, connaîtra celle, plus digne, du citoyen condamné à boire le poison. Reste qu'il y a un rapport entre ces deux morts et qu'on peut parler à juste titre de la « passion » de Socrate. Platon, son disciple, qui fut en quelque sorte son saint Jean, le fera connaître mais le trahira par un idéalisme bien étranger au philosophe dont le maître-mot restait le célèbre « Connais-toi toi-même, et tu connaîtras l'univers et ses dieux », représentatif de l'hellénisme.

Jésus a eu les intuitions mystiques d'un Bouddha, sans pour autant rompre avec le monde. Il a pratiqué le questionnement socratique et enseigné comme le philosophe grec, quoique avec d'autres mots, que « le Royaume est au-dedans de nous » (Luc XVII, 20-21).

Mais il va plus loin en sagesse que ses deux illustres prédécesseurs.

Personnellement, dans la tragique et bouleversante histoire des hommes, je ne lui vois pas d'égaux : rien, nulle part, jamais qui se puisse comparer aux béatitudes, aux paraboles de la miséricorde ou à l'évangile de la femme adultère ! Mieux : la théologie chrétienne a peut-être trouvé dans le pauvre visage torturé du Christ en croix la seule réponse possible au problème du mal : « la seule image de victoire qui soit aussi une image de pitié », écrit Malraux [1].

On sait que Dostoïevski et Camus refusaient, avec raison, de croire en un Dieu qui permet la mort de l'enfant. Mais le Dieu de Jésus n'est pas la « toute-puissance » qui tolère le mal, il est la « toute-faiblesse » qu'on torture ! Il est l'enfant qui meurt.

Réponse paradoxale, comme Jésus lui-même, qui témoigne à la fois de la grandeur d'une certaine idée de Dieu et de son apparent échec sur le Golgotha.

L'histoire, la très rationnelle histoire de Jésus que je viens d'essayer de raconter (et l'on en

1. *Oraisons funèbres, op. cit.* Malraux parle ici précisément de Jeanne d'Arc; mais ne peut-on étendre cette parole au Christ ?

peut contester de nombreuses conclusions, mais pas la véracité générale du portrait), est pour l'homme de bonne volonté une interpellation toujours actuelle.

On peut l'interpréter de deux manières.

En Jésus, les agnostiques veulent voir un grand spirituel; un maître-penseur.

En Jésus les croyants reconnaissent l'irruption de l'Absolu dans l'humanité.

Les agnostiques ont raison si l'on s'en tient aux limites de la science, de l'Histoire.

Les croyants n'ont pas tort; la personnalité du Christ est tellement extraordinaire qu'il n'est pas absurde de lui accorder sa foi.

VI

Est-il possible d'écrire une vie de Jésus ?

Renan et l'objection critique

« Jésus naquit à Nazareth, petite ville de Galilée, qui n'eut avant lui aucune célébrité. » Ainsi commence le chapitre deuxième de la célèbre *Vie de Jésus* d'Ernest Renan, publiée en 1863, qui connut un grand succès de librairie.

Cette phrase, tout à la fois limpide (par son style qui évoque celui de Stendhal) et provocante (la naissance à Nazareth contredit la tradition qui place cet événement à Bethléem), soulève d'emblée le problème : est-il vraiment possible d'écrire une biographie de Jésus ? Une « bio... historique » (destinée à un large public comme le désirait Renan ou analogue à la biographie de De Gaulle par Jean Lacouture) ?

Renan le crut possible et le fit. Il écrivit sa *Vie de Jésus* avec les moyens des sciences historiques de son temps. Le résultat de ses recherches fut brillant : outre ses mérites littéraires, Renan a en effet beaucoup pressenti, deviné plus encore. Très vite cependant, son travail a été contesté, non sur tel ou tel détail (Nazareth ou Bethléem), mais dans son ambition même : écrire une vie de Jésus, répondirent des historiens à Ernest Renan, est une entreprise impossible. Au mieux, l'auteur y projettera ses propres idées, au pire, il dira n'importe quoi !

Albert Schweitzer, qui fit paraître en 1906 une *Histoire de la recherche sur la vie de Jésus*, a montré avec talent que Jésus, selon le biographe qui étudie son histoire, devient tour à tour un « philosophe des Lumières », un « champion de la Révolution », ou un « prophète qui s'est trompé » (dans son annonce de l'imminence de la fin des temps).

Martin Dibelius, publiant en 1933 à Tübingen, en Allemagne, sa *Mise en forme des Évangiles*, sembla clore définitivement la question de la possibilité d'écrire une histoire de Jésus en y répondant par la négative. Dibelius est le maître de l'école critique allemande dite « école des formes » (parce qu'elle étudie les formes littéraires de la rédaction des évangiles), dont l'auteur le plus connu et le plus influent se nomme Rudolph Bultmann. Bultmann explique pourquoi une histoire du Christ semble impossible : en effet, nous ne connaissons Jésus que par l'intermédiaire de ses propagandistes !

Chez les écrivains latins ou juifs du premier siècle de notre ère, on trouve seulement quelques allusions laconiques au Christ : Tacite, en l'an 116 : « Le Christ fut exécuté sous le règne de Tibère par le procurateur Pontius Pilatus » (*Annales* XV, 44) ; Pline le Jeune en 110, dans une lettre célèbre à l'empereur Trajan (*Lettres*, X, 96) ; enfin, l'historien juif de langue grecque Flavius Josèphe, en l'an 95, à Alexandrie d'Égypte *(Antiquités judaïques)*. Voici le texte originel de Josèphe, dépouillé par la critique textuelle des additions chrétiennes postérieures :

« A cette époque, il y eut un homme sage nommé Jésus, dont la conduite était bonne. Ses vertus furent reconnues et beaucoup de Juifs se firent ses disciples. Pilate le condamna à être crucifié et à mourir. Mais ceux qui s'étaient faits ses disciples prêchèrent sa doctrine. Ils racontèrent qu'Il leur était apparu et qu'Il était vivant. Ils le considérèrent comme le Messie (le Christ). Jusqu'à maintenant encore, le groupe des chrétiens, ainsi nommé à cause de lui, n'a pas disparu. »

Toutes ces allusions non chrétiennes sont brèves. Elles nous renseignent davantage sur la foi des chrétiens, ou ce qu'on pouvait en percevoir, que sur la réalité même.

A l'exception de ces allusions, nous ne connaissons Jésus que par ses propagandistes. De cette situation, Bultmann tire la conclusion, nous l'avons dit, que nos connaissances sur la vie du Christ sont d'un point de vue historique très peu fiables. Si la « propagande [1] » disqualifie le discours des évangélistes, nos certitudes historiques sur Jésus sont à peu près nulles, « autant dire rien », souligne Bultmann [2]. Sur cette lancée, certains en arrivèrent à nier l'existence même de Jésus. Ainsi P.-L. Couchoud : « Tout bien pesé, l'historien à propos de Jésus doit conclure à un procès-verbal de carence [3]. »

L'école des formes a beaucoup contribué au progrès de l'Histoire en faisant accomplir des pas de géant à la science exégétique, mais ses errements sont aujourd'hui reconnus et ses conclusions totalement dépassées.

L'existence historique de Jésus n'est plus contestée par personne; la valeur documentaire des évangiles non plus (à condition d'en savoir le mode d'emploi). Les athées le reconnaissent : les évangiles nous donnent du maître de Nazareth une image saisissante et forte. « La personnalité du Christ, écrit Francis Jeanson dans *La Foi d'un incroyant* [4], est attestée à l'extrême par la qualité des paroles qui lui sont attribuées. »

Pour autant, est-il maintenant possible de reprendre le projet de Renan en profitant du siècle et quart de recherche historique qui nous sépare de lui ? Rappelons que son projet était

1. Le mot « propagande » a pris au XXe siècle une connotation fâcheuse; nous l'employons ici pour être bien compris, et sans jugement négatif, à la place du mot « catéchèse ».
2. *L'Histoire de la tradition synoptique*, Seuil, 1973.
3. *Le Mystère de Jésus*, Paris, 1924.
4. Seuil, 1966.

d'écrire une biographie scientifique du Christ. Depuis les railleries d'Albert Schweitzer, personne n'a osé s'y risquer. Certes, il y a eu beaucoup de « Vie de Jésus » dues à des écrivains en général croyants, la plus connue étant celle de Daniel-Rops *(Jésus en son temps*[1]*)*; les plus talentueuses, celles de François Mauriac[2] et de Jean Guitton[3], mais sans prétentions à l'Histoire. Avant Renan, avant Mauriac, Pascal avait déjà voulu écrire un *Abrégé de la vie de Jésus-Christ*[4].

Il existe aussi une énorme masse de travaux scientifiques : critique textuelle, linguistique, sémiotique, exégèse à propos de Jésus ont empli des rayons entiers dans les bibliothèques universitaires de France, d'Allemagne, d'Amérique. Des chercheurs de renom se sont essayés à rendre ces travaux accessibles à un plus large public; ainsi Charles Perrot, déjà cité, avec *Jésus et l'Histoire*[5]; Xavier-Léon Dufour, avec *Les Évangiles et l'histoire de Jésus*[6]; Fernando Belo, avec *Lecture matérialiste de l'évangile de Marc*[7].

Mais personne n'a osé refaire le travail de Renan.

Pour deux raisons.

Premièrement, parce que les travaux des historiens mettent fatalement en cause certaines

1. Fayard, 1945.
2. Flammarion, 1936.
3. Grasset, 1955.
4. Réédité chez Desclée, 1993.
5. Desclée, 1979.
6. Seuil, 1963.
7. Le Cerf, 1974.

affirmations de la Tradition. Or Jésus n'est pas seulement un très grand homme : comme Mahomet ou le Bouddha, il est devenu la propriété d'une grande religion.

On ne se frotte pas impunément à une religion !

Lorsque le théologien allemand Eugène Drewermann [1] s'y essaie, même en s'abritant derrière une interprétation psychanalytique et non point historique des textes, il soulève les protestations et l'ire de la hiérarchie catholique. Il est plus confortable pour les spécialistes de travailler entre eux, historiens, chercheurs en linguistique, techniciens de toutes disciplines, à l'abri des réactions indignées de certains croyants.

Une deuxième raison empêche de refaire le livre de Renan : même dépassée, la critique radicale de Dibelius et de Bultmann continue d'intimider les candidats.

Jésus n'est pas né, comme il l'a dit lui-même, dans un palais ; il n'a été ni un politique ni un conquérant. Certes, il est à l'origine d'un considérable événement historique : la naissance du christianisme. Mais, comme le constate Teilhard de Chardin, « les commencements des grands faits humains nous échappent le plus souvent [2] » et les historiens contemporains de Jésus n'ont pas fait attention à lui : c'est qu'il n'a pas écrit de mémorial, comme le fit César

1. *De la naissance des dieux à la naissance du Christ,* Seuil, 1991.
2. *Le Phénomène humain*, Seuil, 1957.

signataire de la *Guerre des Gaules*. Il n'a même rien écrit du tout. Son aventure ne se déroulait pas dans l'une des capitales de l'univers, Rome ou Alexandrie, mais seulement dans un petit canton. Pire : comme il déplaisait fort aux autorités de son pays, son histoire fut plus ou moins étouffée dans sa patrie même. Il faudra attendre le ve siècle de notre ère et le Talmud babylonien pour que les autorités officielles du judaïsme fassent mention du Christ, et encore, en termes réprobateurs.

Bultmann a donc raison : nous ne connaissons Jésus que par les écrits du Nouveau Testament ; d'abord les Épîtres de Paul rédigées entre les années 50 et 63 de notre ère ; ensuite, les Évangiles et les Actes des Apôtres, élaborés entre ces mêmes dates et l'an 100.

Mais Bultmann est dépassé : la valeur documentaire de ces textes est aujourd'hui, comme nous le disions, reconnue par tous les chercheurs. Pour savoir s'il est légitime d'écrire une histoire de Jésus comme nous venons de nous y essayer, il faut comprendre quelle est la valeur documentaire exacte des textes du Nouveau Testament. En d'autres termes, il nous faut savoir en quoi consiste le « genre littéraire » des évangiles.

Le genre littéraire des évangiles

La notion de « genre littéraire » est essentielle à qui veut comprendre quelque chose aux évangiles ; c'est comme un « mode d'emploi ». Il ne s'agit pas d'une notion particulièrement technique, car nous utilisons constamment les genres littéraires dans notre vie courante [1].

On n'écrit pas à son employeur de la même façon qu'on écrit à sa fiancée. On s'expose à ne rien comprendre à un « rapport de gendarmerie » si on le lit comme on lirait une lettre d'amour. M. Jourdain faisait de la prose sans le savoir, nous, nous tenons compte automatiquement, sans nous en apercevoir, des genres littéraires des textes que nous lisons, entendons ou écrivons. Quand on dit qu'un roman est « vrai », on n'affirme pas la même chose que lorsqu'on dit qu'un reportage est « vrai », sans parler de la vérité des poèmes!

Paul, le premier propagandiste chrétien dont les écrits nous soient parvenus, écrivant des lettres, s'exprimait donc dans le genre « épistolaire » : lettres à des communautés chrétiennes déjà instruites du catéchisme de base. Les lettres de Paul rappellent donc seulement, à l'occasion et de-ci de-là, quelques données connues des destinataires, sans nécessité de description : Jésus est « né d'une femme et assujetti à la loi » (Galates IV, 4). Il est « fils de David » (Romains I, 3), il a été crucifié, est mort, a été enseveli (*Première Épître aux Corinthiens* II, 2-8, XV, 3-4, Galates II, 20, III, 1, Philippiens II, 5). A l'exception de quelques paroles du Seigneur qu'il cite, et surtout du

1. Jean-Claude Barreau, *L'Aujourd'hui des Évangiles*, Seuil, 1970.

récit détaillé de la Cène (*Première Épître aux Corinthiens* XI, 23-25), Paul n'en dit donc guère plus que Tacite, Pline le Jeune ou Flavius Josèphe. Les textes fondamentaux nécessaires à la connaissance du Christ restent les évangiles. En grec « évangile » signifie « bonne nouvelle ». Dans le titre même de ces livres, l'intention de propagande est affirmée. Cette intention pourtant ne disqualifie pas nos textes. Étudions-les rapidement l'un après l'autre.

1. L'évangile selon *Marc* est le plus ancien puisqu'il fut rédigé vers l'an 68 de notre ère. On en connaît l'auteur.

L'apôtre Pierre en parle dans sa lettre « Marc, mon fils » (*Première lettre de Pierre* V, 13). Il s'agit là d'une notation affectueuse, Marc n'étant pas le fils de Pierre, mais seulement son disciple. Les souvenirs visuels de Pierre affleurent avec force derrière le catéchisme de Marc. Cet apôtre y tient une place essentielle, en bien comme en mal. Par exemple, le « reniement » de Jésus par Pierre, très gommé par respect pour le chef des douze dans les autres évangiles, est décrit par Marc en détail, dans toute son abjection : le seul qui pouvait parler de lui de cette façon étant Pierre lui-même, on en déduit qu'il est l'inspirateur du texte. D'où l'autorité de cet évangile fondée sur l'autorité de Pierre, l'une des colonnes du christianisme naissant.

L'apôtre Paul parle également de Marc dans ses lettres, et Luc le cite aussi dans les Actes.

Marc s'appelait en réalité Jean-Marc, sa famille comptait parmi les disciples directs. Peut-être est-ce dans la maison de cette famille qu'eut lieu la Cène ? En tout cas, c'est dans cette même maison que se cachèrent les disciples après la mort du Christ. Pierre, évadé de la prison où on l'avait jeté, vint s'y réfugier, comme nous le lisons dans les Actes des Apôtres (Actes XII, 12).

Quand Jésus est mort, Marc avait treize ans environ.

Dans son évangile, un adolescent « n'ayant pour tout vêtement qu'un drap » suit les gardes qui viennent d'arrêter le Prophète. Les gardes l'interpellent « mais lui, lâchant le drap, s'enfuit tout nu » (Marc XIV, 51-52). C'était certainement lui, sinon qui d'autre ? Son récit est signé !

Pierre acheva son ministère à Rome où il fut exécuté (vraisemblablement sous la persécution engendrée par Néron en l'an 67). Marc mène à bien son catéchisme, après la mort de l'apôtre, pour cette même communauté chrétienne de Rome, composée en majeure partie de *goyim* (non-Juifs). On s'en aperçoit au soin que Marc prend pour expliquer en détail toutes les coutumes juives ; soin qui eût été inutile s'agissant d'israélites.

Les synoptiques. Deux autres textes d'évangile, ceux de Matthieu et de Luc, sont parvenus en leur état actuel dans une version des années 80 de notre ère, soit douze ans après les écrits de Marc.

Matthieu et Luc sont indépendants l'un de l'autre, mais au contraire dépendent en partie de Marc et suivent en particulier le même plan de catéchèse. Ces rapports réciproques expliquent qu'on puisse mettre ces trois évangiles en trois colonnes parallèles; pour cette raison, on les appelle « synoptiques », de « synopse » (« colonne », en grec).

Le plan synoptique comporte quatre parties : Jean-Baptiste, le baptême de Jésus, les tentations; le ministère de Jésus en Galilée; la prédication de Jésus à Jérusalem; la mort de Jésus et sa résurrection.

Il ne s'agit pas là d'un plan chronologique, mais d'un catéchisme. Les rédacteurs des synoptiques ne sont absolument pas curieux de savoir combien de fois Jésus est allé réellement à Jérusalem. Ils veulent montrer que le Christ a joué son destin dans la Ville sainte. Quand on raconte l'histoire de Jésus dans un but de catéchèse, on ne commence pas forcément par le début pour finir par la fin; on choisit un certain nombre d'anecdotes particulières en fonction de l'enseignement qu'on veut donner.

2. *Luc* est celui des trois synoptiques dont l'auteur est le plus connu.

Nous connaissons d'abord l'homme par les lettres de Paul. Luc est l'un des convertis de Paul. Il n'est pas juif. Son évangile est le seul des quatre écrit par un païen. On s'en aperçoit immédiatement à la qualité de son grec, plus littéraire que celui des autres. Les quatre évangiles ont été rédigés directement en cette langue grecque qui était la langue commune (la *koinè*) de la partie orientale de l'Empire romain. Mais, chez les trois autres, on voit tout de suite que le grec n'était pas leur langue maternelle : tournures populaires araméennes chez Marc, hébraïsmes chez Matthieu et Jean. Au contraire, le grec de Luc est fluide, élégant.

Luc est médecin. Pour cette raison, nous ne trouvons dans son livre aucune des allusions malveillantes sur les médecins qui abondent dans les autres évangiles (cf. en particulier Marc V, 25 : « Une femme avait dépensé tout son avoir du fait de nombreux médecins sans aucun profit, elle allait plutôt de mal en pis »). Luc est l'auteur des Actes des Apôtres.

En fait, il a écrit un seul livre, *Le Livre à Théophile*, Théophile étant le notable auquel le texte est dédié – avec des préoccupations d'histoire à l'antique comme chez Plutarque, preuve de son érudition : « Puisque beaucoup ont entrepris de composer un récit des événements qui se sont accomplis parmi nous, tels que nous les ont transmis ceux qui furent dès le début témoins oculaires et serviteurs de la parole, j'ai décidé moi aussi, après m'être informé soigneusement de tout depuis les origines, d'en écrire pour toi l'exposé suivi, illustre Théophile, afin que tu te rendes bien compte de la solidité des enseignements que tu as reçus » (Luc I, 1 sqq.).

Si l'on soustrait des rallonges de la fin de l'évangile et du début des Actes (après Luc XXIV, 49 et jusqu'à Actes I, 6), on retrouve une continuité parfaite. D'où il ressort que les versets 50 à 53 du chapitre XXIV de l'évangile et les cinq premiers versets des Actes sont des additions postérieures, ajoutées quand les autorités chrétiennes ont voulu distinguer « Évangile » et « Actes » de ce qui était un seul et unique « Livre à Théophile ».

Car nous connaissons surtout Luc par ce livre. Il y rapporte la prédication de Paul qu'il suivait dans ses missions comme secrétaire et aide-catéchiste, avant de se transformer (Actes XVI, 10) en témoin direct et de se mettre à parler à la première personne, comme compagnon de Paul : « Nous avons pris le bateau... » à tel endroit, etc.

Luc écrit donc pour les communautés chrétiennes fondées par Paul, communautés en partie d'origine juive, en partie d'origine païenne, mais toutes profondément hellénisées et situées de part et d'autre de la mer Égée.

Luc suit le plan en quatre parties de Marc. Mais il a certainement eu accès à des sources particulières. Il a probablement connu Marie, la mère de Jésus, retirée à Éphèse, et les auteurs d'autres évangiles qui n'appartiennent plus au Nouveau Testament. En effet, les « évangiles » étaient alors plus nombreux qu'aujourd'hui. Luc le souligne lui-même dans sa préface : « Beaucoup ont entrepris de composer le récit de ces événements... » Mais les autorités de l'Église ont décidé après l'an 100 d'en sélectionner arbitrairement quatre ; parce que chacun de ces textes était réellement, ou prétendument, couvert par l'autorité d'un apôtre : Pierre (évangile de Marc), Paul (évangile de Luc), Matthieu et Jean (évangiles qui portent leurs noms). Quelles furent ces autorités, constituées après la mort de tous les douze ? La discussion est ouverte et relève non de notre essai, mais de l'histoire de l'Église.

3. *Matthieu* est le troisième des synoptiques.

L'attribution de cet évangile au commis d'octroi, qui levait les taxes pour les Romains sur le lac de Tibériade, auquel Jésus demanda de le suivre et chez lequel il alla dîner au grand scandale des bien-pensants – cette attribution est incertaine.

Mais il y eut certainement un état antérieur au texte actuel.

Le plan de Matthieu comporte lui aussi quatre parties. Beaucoup de passages s'inspirent de Marc. Chez Matthieu, ces passages communs sont devenus incolores, ce sont des récits liturgiques, lisses comme des galets longuement polis par la mer. Mais de nombreux autres passages sont d'un style exactement opposé : les discours et paraboles attribués à Jésus y sont particulièrement incisifs, brillants, et de facture fort peu hellénisante, plutôt araméenne. Ces passages préexistaient certainement à l'évangile actuel, d'où l'idée d'un état antérieur du texte. Il faut imaginer cet état antérieur comme un rassemblement fort ancien de paroles de Jésus (*logia*) écrites en araméen (la langue de la Palestine d'alors). La structure linguistique de cet idiome ressort à chaque instant dans le grec rugueux de Matthieu. Ce synoptique fut d'ailleurs écrit pour des communautés chrétiennes, entièrement juives d'origine, et fixées en Syro-Palestine.

4. Le quatrième, l'évangile selon *Jean*, est très différent des trois premiers, dits synoptiques. Il ne saurait être mis (comme eux) en colonnes parallèles. Il ne suit absolument pas le plan en quatre parties de la catéchèse synoptique. Il est beaucoup plus chronologique que Marc, Luc et Matthieu.

Les exégètes ont reconstitué l'histoire du texte.

Au départ, une ébauche, dite *Jean 1* ou *Document C*, très ancienne, très proche des origines (comme d'ailleurs les recueils de paroles *logia* qui servirent de base à Matthieu), que l'on peut dater des années 1950, au même moment que les premières lettres de l'apôtre Paul. Ce texte ne contenait aucun « discours » de Jésus. Il n'y a pas de raison d'en contester la paternité à l'apôtre Jean, l'un des douze, « le disciple que Jésus aimait », dit notre texte (dilection qui s'explique par le fait que Jean était le plus jeune du groupe).

Ensuite, cette version fut reprise et amplifiée par un auteur, qui n'est certainement pas l'apôtre lui-même : *Jean 2*, écrit en Palestine, attribue à Jésus des discours qui paraissent être en vérité des compositions de la propre veine de l'auteur (très différents par le ton des paroles de Jésus que l'on trouve par exemple chez Matthieu). *Jean 2* utilise là une méthode, alors admise, imitée de Thucydide ou de Tite-Live qui eux aussi prêtent à leurs héros leurs propres discours [1].

Intervient enfin un *Jean 3* qui réside, lui, à Éphèse. Dans sa rédaction on sent à la fois la pensée hélléniste et des influences juives proches des Esséniens de la mer Morte (Qumrān). Ce *Jean 3*, très méditatif, écrit pour des communautés chrétiennes fort mystiques. Il acheva son œuvre en l'an 100.

En son état final, le quatrième évangile est donc à la fois le plus ancien en ses débuts (avec les recueils de paroles [*logia*] de Jésus repris par Matthieu) et le plus récent en sa fin. Ce n'est plus un catéchisme, mais une méditation sur l'histoire de Jésus, une théologie qui suppose connue la prédication synoptique (de la même façon que les lettres de Paul s'adressent à des gens qui connaissent déjà les évangiles). A cause de cela et pendant longtemps, les exégètes tiendront l'évangile de Jean en suspicion, ne voulant lire que les synoptiques.

Tel n'est plus le cas aujourd'hui; bien au contraire, les exégètes pensent maintenant que le quatrième évangile est infiniment plus proche de la chronologie réelle que les catéchismes synoptiques (Renan l'avait déjà pressenti). Ils pensent que le portrait tracé du Christ y est bien plus proche de son modèle; et André Malraux, qui n'était pas exégète mais

1. Oscar Cullmann, *Le Milieu johannique*, Neuchâtel, 1976.

avait de l'intuition, a très justement écrit : « L'évangile de Jean nous donne de Jésus une image complète, convaincante et proche [1]. »

Nous pouvons maintenant définir le « genre littéraire des évangiles » : un témoin (lequel fonde l'autorité du texte – Pierre, Paul, Matthieu, Jean) et des communautés auxquelles l'évangile s'adresse (Rome, mer Égée, Éphèse, Syrie-Palestine). Ainsi, dans les évangiles, Jésus est vu à travers les communautés chrétiennes du Ier siècle.

Dès la mort du Christ, abondèrent les récits, les recueils de ses paroles : toute sa vie Jésus fut entouré de scribes qui notaient ses propos au fur et à mesure. Les missionnaires des débuts du christianisme n'avaient cure de rédiger une histoire : ils annonçaient une « bonne nouvelle ».

C'est seulement lorsque la première génération des disciples fut sur le point de disparaître que les croyants éprouvèrent le besoin, vingt-cinq ans plus tard, de mettre en ordre catéchétique *(synoptiques)*, ou théologique et historique (*Jean*), le fouillis de textes, de récits, de paroles que véhiculait la prédication primitive.

Les autorités du temps firent alors un choix dans ce fouillis, fondé sur le patronage réel ou supposé d'un apôtre, et limitatif comme l'avoue Luc (Luc I, 1). On trouve, ceci confirme cela, des paroles de Jésus ailleurs que dans les quatre évangiles : chez Paul, chez Pierre, dans les lettres de Jean, dans l'Apocalypse, ou dans les Actes des Apôtres. Ainsi celle-ci : « Il y a plus de

1. *Antimémoires*, Gallimard, 1967.

bonheur à donner qu'à recevoir » ne se trouve pas dans les évangiles mais dans les Actes (Actes XX, 37).

Les évangélistes n'écrivaient pas de « Vie de Jésus », mais transmettaient une foi. Cela ne veut pas dire qu'il n'y ait pas d'Histoire, avec un grand H, (pas d'événements réels) derrière les évangiles.

C'est ici que l'historien intervient.

LES MILIEUX ÉVANGÉLIQUES : LE MILIEU JUIF, LE MILIEU CHRÉTIEN

L'historien s'efforce en effet de mettre les textes en rapport avec ce qu'il connaît par ailleurs de l'environnement historique. Deux milieux culturels apparaissent derrière les évangiles. Le milieu juif, contemporain du Christ, décrit au chapitre premier, et le milieu des communautés chrétiennes rédactrices des évangiles.

Nous avons évoqué ce milieu en parlant de l'élaboration des textes évangéliques. Quand on lit les évangiles, il y a en effet toujours deux niveaux : le niveau historique contemporain de Jésus et le milieu plus récent, une génération plus tard, des communautés chrétiennes productrices des textes.

C'est facile à comprendre : une vie de Napoléon, racontée par un écrivain de la fin du XIXe siècle (même éloignement historique), nous renseigne évidemment sur Napoléon et son temps, mais aussi sur la fin du XIXe. De même, les évangiles nous enseignent tout autant sur les communautés chrétiennes de la primitive Église que sur Jésus.

Ces communautés dont sont issus les textes étaient de trois origines : juive en Syrie-Palestine, hellénistique et juive autour de la mer Égée, uniquement hellénistique en Italie. On le constate en lisant Marc (Rome), Luc (mer Égée), Matthieu et Jean (Palestine et Éphèse).

Une grande tension régnait entre les communautés chrétiennes « judaïsantes » attachées à la circoncision et les communautés chrétiennes « hellénisantes » qui, sous l'impulsion décisive de Paul, y avaient renoncé. On retrouve ces tensions dans nos textes.

Le principe de Käsemann

L'historien peut-il seulement parler de l'environnement ? N'a-t-il rien à dire sur les faits d'histoire contenus dans les textes eux-mêmes ?

Nous avons noté la conviction de l'exégète Bultmann qui répond par la négative.

Mais aujourd'hui, les historiens ne sont plus d'accord avec les exégètes de l'école des formes. Ils savent maintenant distinguer dans les textes les versets originaux – ceux qui au-delà des rédacteurs postérieurs constituent des « choses vues » par les témoins (*ipsissima facta*) ou des paroles (*logia*) propres du Maître (*ipsissima verba*) – des ajouts postérieurs. Ainsi, les techniciens peuvent-ils aujourd'hui, en radiographiant des tableaux de peintres illustres, distinguer les traits originaux des couches de peinture rajoutées ; ainsi, les architectes peuvent-ils dresser un plan de Notre-Dame de Paris où apparaissent les pierres du XIIIe siècle avec des couleurs différentes de celles qui désignent les ajouts de Viollet-le-Duc datant du XIXe siècle, sous Napoléon III.

Les historiens des évangiles disposent pour ce faire d'un bon instrument que l'on pourrait appeler le « principe de Käsemann ». Dès 1954, Ernst Käsemann [1] nous a appris comment distinguer à coup sûr les paroles originales du Christ des paroles produites plus tard par les communautés chrétiennes et mises par elles dans la bouche de Jésus.

Selon Käsemann, le principe d'un tel tri est celui de la « différence » avec les milieux porteurs dont nous avons parlé, aussi bien les milieux juifs contemporains de Jésus, que ceux, une ou deux générations plus tard, contemporains des évangélistes. Lorsqu'une parole et une chose vue ne peuvent être ni déduites du judaïsme ni attribuées aux chrétientés primitives, il s'agit d'un matériel irréductible que l'on doit considérer comme venant du sujet historique même, « cet homme Jésus » (Actes II,22).

1. *Le Problème du Jésus historique [Essais exégétiques]*, Neuchâtel, 1972.

Par exemple, cette parole du Christ à un jeune homme qui se dresse directement contre la foi des évangélistes qui croient en la divinité de Jésus : « Pourquoi m'appelles-tu bon? Nul n'est bon que Dieu seul » (Marc X,18); ou celle-ci, contre la foi mise par les contemporains de Jésus en la loi de Moïse :

« On vous a appris [ceci] eh bien, moi je vous dis [autre chose] » (Matthieu V, 38-43).

Le critère de Käsemann permet ainsi de distinguer sous les ajouts des Viollet-le-Duc de l'évangile les traits originaux du Jésus de l'Histoire. Dans le Nouveau Testament dont nous avons noté que les rédacteurs étaient divers et écrivaient le grec avec un talent inégal, les paroles attribuées au Christ trahissent, quel que soit l'évangéliste, une extraordinaire unité de style. Les « discours » de l'évangile de Jean font exception, mais précisément nous avons reconnu en eux des discours « à la Thucydide » écrits par un rédacteur postérieur. Par ailleurs, on trouve aussi dans l'évangile de Jean beaucoup de paroles qui ont, comme celles des synoptiques, le style de Jésus; ainsi celle-là (Jean XII, 44) : « Si le grain ne meurt, il reste seul, s'il meurt, il porte beaucoup de fruits. »

Nous trouvons dans nos textes un noyau de choses vues, de paroles typiques qui ne peuvent, selon le principe de Käsemann, remonter qu'à Jésus lui-même. Avec ce principe, les historiens disposent donc d'un instrument efficace qui leur permet de faire le tri.

Le principe de Käsemann, les énormes progrès de l'archéologie, la révolution de la science des textes (exégèse), le patient travail de centaines de chercheurs obstinés, permettent à l'historien d'aujourd'hui de reprendre sur des bases solides le projet de Renan. Si Jésus n'appartenait pas à une religion peu disposée à laisser les historiens travailler, ce serait fait depuis longtemps : tout existe, écrit, publié dans des dizaines d'ouvrages savants. Il ne restait plus qu'à en faire une synthèse. Cette ambition a justifié ce nouvel essai d'une « Vie de Jésus », cent trente ans après celle de Renan.

Les croyants auraient d'ailleurs tort de s'en alarmer. Le lecteur l'aura constaté : un peu d'Histoire éloigne du portrait que les évangélistes ont tracé du Christ, beaucoup d'Histoire y ramène !

L'exégèse moderne permet en effet de dégager de la gangue des textes juifs ou chrétiens un *noyau irréductible* qui ne peut remonter qu'à Jésus lui-même; et ce noyau irréductible est extraordinaire, nous croyons l'avoir démontré tout au long de cette biographie. L'histoire contemporaine est ainsi capable de nous tracer de Jésus un portrait tellement saisissant que les interprétations postérieures nées de la foi chrétienne ne paraissent nullement absurdes !

Je suis personnellement croyant, chrétien dissident, mais croyant. Cependant, c'est en agnostique que j'ai voulu écrire ce livre, sans jamais faire intervenir ma foi.

Je suis persuadé qu'il ne saurait y avoir entre foi et science que des oppositions de détail, et que la foi en Christ n'a rien à craindre de ce qu'une histoire scientifique de l'homme-Jésus peut avoir à dire. De plus, Jésus n'appartient pas aux seules Églises; Jésus appartient à l'humanité tout entière, et les incroyants ont le droit de porter sur le Christ un regard historique.

C'est la justification ultime de ce livre : rendre la personnalité de Jésus accessible aux incroyants sans rendre pour autant impossible toute interprétation dans la foi.

Bibliographie

Robert Aron, *Les Années obscures de Jésus*, Desclée de Brouwer, 1979.
Jean-Claude Barreau, *L'Aujourd'hui des évangiles*, Seuil, 1970.
Fernando Belo, *Lecture matérialiste de l'évangile de Marc*, Le Cerf, 1974.
Rudolf Bultmann, *L'Histoire de la tradition synoptique*, Seuil, 1973.
Marie Cardinal, *Les Mots pour le dire*, Grasset, 1983.
P.-Y. Congar, *Entretiens d'automne*, Le Cerf, 1988.
P.-L. Couchoud, *Le Mystère de Jésus*, Paris, 1924.
Oscar Cullmann, *Le Milieu johannique*, Neuchâtel, 1976.
Régis Debray, *Vie et Mort de l'image*, Gallimard, 1992.
Jean Delumeau, *Une histoire du Paradis*, Fayard, 1992.
Martin Dibelius, *Mise en forme des évangiles*, Tübingen, 1933.
Charles Harold Dodd, *Le Fondateur du christianisme*, Seuil, 1972.
Eugène Drewermann, *De la naissance des dieux à la naissance du Christ*, Seuil, 1991.

Xavier-Léon Dufour, *Les Évangiles et l'histoire de Jésus*, Seuil, 1963.
Flavius Josèphe, *Antiquités judaïques,* Alexandrie, 95.
Henri Guillemin, *L'Affaire Jésus*, Seuil, 1982.
Henri Guillemin, *Malheureuse Église*, Seuil, 1992.
J. Guillet, *Jésus devant sa vie et sa mort*, Aubier, 1971.
Jean Guitton, *Jésus*, Grasset, 1955.
Francis Jeanson, *La Foi d'un incroyant*, Seuil, 1966.
J. Jérémias, *La Dernière Cène*, Le Cerf, 1972.
Ernst Käsemann, *Le Problème du Jésus historique, [Essais exégétiques]*, Neuchâtel, 1972.
R. Kipling, *L'Homme qui voulut être roi*, Londres.
Hans Kung, *Être chrétien*, Seuil, 1978.
Marcel Legaut, *Introduction à l'intelligence du passé et de l'avenir du christianisme*, Aubier-Montaigne, 1971.
Claude Lévi-Strauss, *Tristes Tropiques*, Plon, 1973.
Alfred Loisy, *L'Évangile et l'Église*, Picard, Paris, 1902.
André Malraux, *Antimémoires*, Gallimard, 1967.
André Malraux, *Oraisons funèbres*, Gallimard, 1971.
François Mauriac, *Vie de Jésus*, Flammarion, 1936.
François Mauriac, *Commencement d'une vie*, Grasset, 1957.
Gérald Messadié, *L'Homme qui devint Dieu*, Robert Laffont, 1988.
Blaise Pascal, *Abrégé de la vie de Jésus-Christ*, Desclée, 1993.
Charles Perrot, *Jésus et l'Histoire*, Desclée, 1979.
Pline le Jeune, *Lettres*, Rome, 110.
Ernest Renan, *Vie de Jésus*, 1863; Arlea, 1992.
Daniel-Rops, *Jésus en son temps*, Fayard, 1945.
Karl-Ludwig Schmidt, *Les Cadres de l'histoire de Jésus*, Berlin, 1919.

BIBLIOGRAPHIE

Albert Schweitzer, *Histoire de la recherche sur la vie de Jésus*, 1906.

Albert Schweitzer, *Le Secret historique de la vie de Jésus*, Albin Michel, 1961.

Jean Steinmann, *La Vie de Jésus*, Club des Libraires de France, 1959.

Tacite, *Annales*, Rome, 116.

Teilhard de Chardin, *Le Phénomène humain*, Seuil, 1957.

Ph. Vielhauer, *Festschr für G. Dehn*, Neukirchen, 1957.

Table

Cet ouvrage a été réalisé par la
SOCIÉTÉ NOUVELLE FIRMIN-DIDOT (Mesnil-sur-l'Estrée)
pour le compte de LA LIBRAIRIE PLON
76, rue Bonaparte, 75006 Paris

Achevé d'imprimer en octobre 1993

Imprimé en France
Dépôt légal : août 1993
N° d'édition : 12321 - N° d'impression : 25156